KB169607

프로방스 여행

내 삶이 가장 빛나는 순간으로

프로방스 여행

내 삶이 가장 빛나는
순간으로

이재형 지음

Contents

프로방스로 떠나는 아침 6

아를 • 반 고흐의 별이 빛나는 밤에 8

마르세유 • 이질적이면서 조화로운 문화가 공존하는 곳 54

생트로페 • 누벨바그 예술가들이 모여 탄생한 휴양지 84

아게 • 어린 왕자의 영혼이 머무는 바다 98

카뉴쉬르메르 • 르누아르의 빛 104

앙티브 • 지중해를 품은 피카소 미술관 114

니스 • 마티스와 샤갈이 사랑한 예술의 도시 128

생폴드방스 • 프로방스다운 골목길 150

에즈 • 하늘로 올라가는 니체의 산책로 160

그라스 • 가죽의 도시에서 향수의 도시로 168

엑상프로방스 • 세잔이 평생 떠나지 않은 고향 176

뤼베롱 • 프랑스에서 가장 아름다운 언덕 위 마을들 188

루르마랭 • 카뮈의 소박한 삶 193

퀴퀴롱 • 영화 속 아름다운 배경 198

보니유 • 기원전 3세기의 로마 다리 200

압트 • 프로방스 당과의 원조 202

마노스크 • 장 지오노가 찾으려 한 행복의 의미 204

바농 • 프랑스 농촌에서 가장 큰 독립서점 208

무스티에생트마리 • 절벽 위에 조성된 도자기 마을 209

루시옹 • 사무엘 베케트에게 영감을 준 붉은빛 212

메네르브 • 피카소와 도라 마르 214

고르드 • 세계에서 가장 아름다운 마을 216

아비뇽 • 중세가 살아있는 교황의 도시 224

파리로 돌아오는 야간열차 242

프로방스 여행의 즐길 거리

텔린 페르시아드 50 | 올리브와 올리브유 50 | 파스티스 65

부야베스 83 | 생트로페 타르트 97 | 페탕크 112

니스의 전통음식들 147 | 아이올리와 피스투 148

프로방스의 허브 174 | 칼리송 185 | 누가 과자 186

당과 203 | 라벤더 220 | 송로버섯 222

프로방스의 와인 241

프로방스로 떠나는 아침

나는 남프랑스의 한 도시에서 16년 동안 살았다. 지중해에 면한 그 도시는 1년에 300일 이상 해가 나올 정도로 연중 온화하고 화창했다. 비는 거의 내리지 않았고 여름에는 덥지 않았으며 겨울에는 춥지 않았다. 그야말로 전형적인 지중해성 기후였다.

그러다가 파리에 올라왔고, 얼마 지나지 않아서 우울증에 시달리기 시작했다. 가장 큰 원인은 날씨였다. 파리 날씨는 내가 오랫동안 살았던 지중해 도시의 그것과는 정반대였다. 하늘이 거의 항상 구름으로 덮여 있어서 좀처럼 해를 보기 어려웠고, 비도 자주 내렸다. 파리지앵들이 해만 나왔다 하면 집 밖으로 몰려나오는 데는 다 이유가 있었다.

《나는 왜 파리를 사랑하는가》에서 얘기했다시피 파리에서 나를 괴롭힌 우울증은 예술의 힘으로 서서히 치유되었다. 하지만, 내 마음 한 켠에는 늘 프로방스의 푸근한 날씨와 눈부신 태양, 시리도록 파란 바다, 높은 언덕에 자리 잡은 아름다운 마을들, 끝없이 펼쳐진 보라색 라벤더밭, 5월이면 온 산야를 붉게 물들이는 개양귀비 꽃이 자리 잡고 있었다. 이 프로방스의 풍경은 다시 돌아오라고 끊임없이 나를 부추겼다.

니콜라 부비에는《세상의 용도》서문에서 이렇게 말한다.

이 억누르기 힘든 욕망, 그걸 뭐라 불러야 할지, 사실 우리는 모른다. 무엇인가가 점점 더 커지다가 어느 날인가 닻줄이 풀리면, 반드시 자신감이 넘치는 건 아니지만 그래도 일단은 떠나고 보는 것이다.

2022년 가을 어느 날, 나는 본능을 따르기로 하고 일탈을 감행했다. 2010년 산티아고 순례를 처음 떠날 때 그랬던 것처럼, 이번에도 잡혀 있던 모든 일정을 취소하고 부랴부랴 짐을 꾸려 파리 리옹역에서 프로방스의 도시 아를로 가는 열차에 무작정 올라탔다.

기차가 아비뇽을 향해 접근하면서 창밖으로 보이는 풍경이 확달라진다. 프로방스에서 흔히 볼 수 있는 가리그(garrigue) 지형이다. 마치 키 작은 나무들만 서 있는 사막 같다. 키 큰 나무는 보이지 않고 가뭄에 강한 관목들만 땅에 달라붙어 있는 것처럼 보인다. 원래는 참나무 숲이었으나 사람들이 개간해서 밭을 만들거나 양이나 염소를 방목해서 키 큰 나무들이 다 사라져 버렸다. 그래서 키 작은 나무들만, 지반이 석회암으로 형성되어 있어 물이 쉽게 흡수되는 땅속에 뿌리를 더욱 단단히 박은 채, 악착같이 살아가는 것이다.

아를

Arles

아를(Arles)은 파리에서 683km 떨어져 있으며 기차로 3시간 반 정도 걸린다. 론강과 황량한 크로 평원, 야생의 카마르그, 나지막한 알피산맥에 둘러싸여 있는 이 도시는 프랑스의 코뮌 중에서 가장 넓다(면적 75,000ha).

역사의 도시 아를에는 원형경기장과 레잘리스캉(공동묘지), 고대 극장, 콘스탄티누스의 공중목욕탕 등이 그대로 남아 있어서 이곳이 옛 로마령 갈리아의 주요 도시였다는 사실을 보여준다.

유네스코 세계문화유산에도 등록된 이 도시에는 유구한 역사를 증명하는 고대 박물관(로마 시대)과 아를라탕 박물관(프로방스의 전통), 레아튀 미술관(현대 예술과 사진), 카마르그 박물관, 반 고흐 재단 등 다양한 박물관이 자리 잡고 있다.

아를은 또한 축제의 도시이다. 봄과 가을에 열리는 페리아 축제 때는 카마르그의 가르디앙들이 키우는 황소를 원형경기장에 풀어 투우 경기를 즐긴다. 수용 인원이 1만 2천 명이나 되는 거대한 이 경기장은 1세기 로마인들이 환호하며 열광했던 바로 그곳이다. 또 매년 여름에는 1970년에 시작되어 전 세계에 널리 알려진 국제사진전이 열린다.

문화의 도시이기도 한 아를은 끊임없이 예술가들을 불러

루마 아를 35 Av. Victor Hugo, 13200 Arles. 타워에 올라가면 아를 시내가 훤히 내려다보인다. 아를 관광안내소에서 걸어서 10분 거리이며, 타워 입장은 무료다.

들였다. 반 고흐는 친구 고갱과 함께 머물렀고, 투우 경기를 좋아하던 피카소는 이곳에서 2점의 유화와 57점의 데생을 남겼다.

이 도시는 현대 예술을 수용하는 데도 인색하지 않아 세계적인 건축가 프랭크 게리가 설계한 현대 건축물 루마 아를(Luma Arles)과 안도 다다오가 설계한 한국 현대 예술의 거장 이우환 미술관(Lee Ufan Arles)도 있다. 또 아를에서 북동쪽으로 20km 떨어진 레보드프로방스(Les Baux-de-Provence) 마을에는 버려진 채석장을 이용하여 예술 작품을 음악과 함께 입체적으로 보여주는 빛의 채석장(Carrières de Lumières)이 있다.

그렇긴 하지만 나를 아를로 끌어당긴 것은 무엇보다도

이우환 미술관
Rue de Vernon
13200 Arles

빛의 채석장 Route de Maillane, 13520 Les Baux-de-Provence

반 고흐(1853~1890)다. 그는 프로방스에서 겨우 2년여밖에 살지 않았다. 하지만 내게는 그의 영혼이 아직도 이곳을 떠도는 것처럼 느껴진다. TGV는 3시간 반 만에 나를 아를에 내려주었다. 무겁게 가라앉은 탁한 파리의 공기와는 달리 아를의 공기는 그야말로 가볍고 투명하며 상큼하다.

아를에서 발견한 예술의 미래

1888년 2월 2일, 반 고흐는 파리에서 기차를 타고 15시간을 여행한 끝에 아를에 도착했다. 그는 이제 프로방스의 강렬한 빛과 눈부시게 선명한 하늘, 투명한 공기 속에서 꽃을 피운 과실수와 협죽도, 보라색 땅, 올리브나무의 은빛, 실편백나무의 진한 녹색을 그리게 될 것이다.

그는 동생 테오에게 이렇게 편지를 써 보냈다.

"난 새로운 예술의 미래가 프로방스에 있다고 믿어."

반 고흐는 처음에 역 근처 사창가에 있는 호텔에 짐을 풀었다가 며칠 뒤에 라마르틴 광장 30번지의 역전 카페로 거처를 옮긴다. 그는 이 지역을 부지런히 걸어 돌아다니며 자연과 하늘, 땅, 그리고 거기서 농작물을 수확하는 순박한 사람들을 그린다.

6월 초에는 '푸른 바다와 하늘의 효과'를 캔버스에 표현

**아를의 여름공원에 있는
반 고흐의 흉상**
Bd des Lices, 13200
Arles

하기 위해 마차를 타고 지중해에 면한 생트마리드라메르 마
을에 가서 닷새 동안 머무르며 〈생트마리드라메르의 바다〉
(1888년, 푸시킨 국립미술관)와 〈생트마리드라메르 해안의 낚싯배〉
(1888년, 반 고흐 미술관) 등의 작품을 그린다. 이때 그린 그림은 그
가 이후에 해바라기와 밭, 정원 등의 그림에 과장된 색들을
사용하리라는 것을 예고한다.

　주로 풍경화를 그리던 반 고흐는 초상화도 그리고 싶어

서 모델을 구한다. 이렇게 해서 만난 사람이 그처럼 역전 카페를 드나들던 조제프 룰랭이었다. 이 사람은 우체부로 알려져 있지만, 사실은 소포를 보관하는 창고를 관리하는 창고지기였다. 반 고흐는 1888년과 1889년에 이 부부와 세 아이의 초상화를 그렸다.

그는 또 아를 근처의 퐁비에유 마을에 사는 미국 화가 다쥐 맥라이트의 소개로 알게 된 벨기에 출신의 인상파 화가 〈으젠 보슈의 초상화〉도 그린다. 반 고흐는 여동생에게 보낸 편지에서 으젠 보슈를 살짝 "시인처럼 그려놓았다"라고 말

**조제프 룰랭의
초상화**
반 고흐
1888년
보스턴 미술관

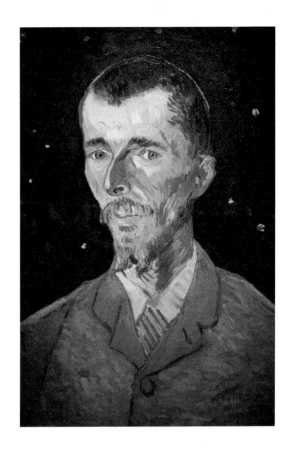

으젠 보슈의 초상화
반 고흐
1888년
오르세 미술관

했는데, 그래서 이 그림은 〈시인〉이라는 제목으로 불리기도
한다. 또 그림의 배경이 노란 별들이 반짝이는 진한 군청색
밤하늘이어서 〈화가와 별〉이라는 제목으로 불리기도 한다.
이 하늘은 그가 론강의 하늘을 그린 작품 〈별이 총총한 밤〉
에 다시 등장한다. 반 고흐는 이 그림을 자신이 살던 노란 방
의 침대 위에 걸어놓았고, 실제로 〈노란 방〉의 첫 번째 버전
에 등장한다.

해바라기
반 고흐
1888년
내셔널 갤러리

이와 동시에 그는 정물화 연작도 그리기 시작하는데 〈해
바라기〉 연작이 바로 그것이다. 그는 이미 1887년 파리에서
살 때 처음으로 테이블 위에 놓인 해바라기를 그린 적이 있
었다. 아를에서는 1888년 8월과 그다음 해 1월 사이에 모두
6점으로 이루어진 해바라기 연작을 그린다. 이 시대에 이처
럼 다양한 색상의 노란색을 사용했다는 것은 가히 혁신적이
라 할 수 있다. 구성은 단순하지만 강렬한 색을 사용한 이 작
품들에서는 일본 판화의 영향이 강하게 느껴진다.

일본 판화는 대담한 구도와 단순화된 형태, 강렬한 색채,
원근법과 명암의 부재 같은 특징을 가지고 있다. 그리하여
전통적인 회화 기법을 버리고 새로운 표현 방식을 추구하던

인상파와 후기 인상파 화가들은 일본 판화에 큰 영향을 받았고, 반 고흐도 그중 한 명이다.

일본 판화에 대한 매혹은 1886년 그가 일본과 일본 문화에 열광하고 있던 프랑스의 수도 파리에서 화상 지그프리드 빙으로부터 한꺼번에 600점의 우키요에(일본 에도시대에 서민 계층을 기반으로 발달한 풍속화)를 사들이면서 시작되었다. 그러고 나서 반 고흐는 파리를 떠나 프로방스로 향했고 그곳에서 이 섬나라에 대해 가지고 있던 이상적이고 환상적인 이미지와 일치하는 '제2의 일본'을 발견했다. 1888년 초, 그는 동생 테오에게 보낸 편지에서 "자연 속에서 소시민으로 살아가는 일본 화가의 삶을 살고 싶다"라고 쓴다.

반 고흐가 일본 판화의 영향을 받아 아를에서 그린 그림 중에서 특히 〈꽃을 피운 아몬드나무〉는 우리 눈에 익숙하다.

꽃을 피운 아몬드나무 반 고흐, 1890년, 반 고흐 미술관

생폴드모졸레 정신병원에 입원해 있던 1890년 2월, 반 고흐는 갓 태어난 조카에게 선물하려고 흰색 아몬드꽃이 푸르른 하늘을 배경으로 피어난 이 그림을 그렸다. 이른 봄에 프로방스에 가면 새로운 생명과 희망, 부활을 상징하는 이 나무가 꽃을 피운 모습을 어렵잖게 볼 수 있다. 하지만 그는 이 그림을 그리고 나서 반년도 지나지 않아 스스로 목숨을 끊었다.

반 고흐의 노란 집

1888년 9월 15일, 반 고흐는 살고 있던 집 옆에 있는 '노란 집(1, Av. de Stalingrad, 13200 Arles)'에 자리 잡는다. 그는 이곳을 전위적인 화가들이 모여 함께 그림을 그리는 아틀리에로 만들고 싶었다. 이 집은 1944년 폭격을 당하여 이제는 볼 수 없지만, 대신 반 고흐가 그린 〈노란 방〉으로 사람들의 가슴 속에 영원히 존재하게 되었다.

그는 고갱이 아를로 내려오기를 기다리며 10월 처음으로 〈노란 방〉(72×92cm)을 그렸다. 암스테르담의 반 고흐 미술관에 전시되어 있는 이 그림은 견고하고 소박한 침대와 의자, 방석이 깔린 책상이 평온과 질서, 평화의 느낌을 불러일으킨다. 벽에 걸려 있는 초상화 속 인물은 으젠 보슈와 폴 으젠 밀리에다. 론강에 홍수가 나서 이 그림이 훼손되자 테오는 형에게 복원되기를 기다리면서 같은 작품을 한 장 그려달라고 부탁한다.

노란 방 반 고흐, 1888년, 반 고흐 미술관

반 고흐는 두 번째 〈노란 방〉(72×92cm, 시카고 아트인스티튜트)을 그리는데, 굳이 원래의 작품과 똑같이 그리려고 애쓰지는 않았다. 두 번째 버전에서는 으젠 보슈와 폴 으젠 밀리에의 초상화 대신 누구인지 확인되지 않는 남성과 여성의 초상화가 보인다.

만족스러운 결과를 얻은 반 고흐는 앞의 두 버전보다 작은(57×74cm) 세 번째 버전을 그려 여동생에게 선물한다. 원래 일본인 소유였던 이 세 번째 〈노란 방〉은 1959년 프랑스와 일본 간에 체결된 평화 협정에 따라 지금은 오르세 미술관에 전시되어 있다. 이 그림에서는 으젠 보슈의 초상화가 반 고흐 자신의 수염 깎은 자화상으로 바뀌었고, 오른편 초상화의

밤 카페 반 고흐, 1888년, 예일 유니버시티 아트 갤러리

밤의 카페 테라스
반 고흐
1888년
크뢸러 뮐러 미술관

반 고흐 카페 11 Pl. du Forum, 13200 Arles

주인공은 누구인지 알 수 없다. 그림 속 작품 일부는 사라져서 이제는 볼 수 없게 되었지만, 아를에는 반 고흐가 이젤을 세웠던 장소가 아직 많이 남아 있다.

1888년 여름이 끝나갈 무렵, 반 고흐는 아를 시내에 있는 카페의 밤 풍경을 그린다. 〈밤 카페〉는 라마르틴 광장에 있었던 역전 카페를 그린 것인데, 이 카페는 아쉽게도 지금 남아 있지 않다.

반면에 시내 한가운데의 포룸 광장에 가면 노란색으로 칠해진 반 고흐 카페가 단번에 시선을 잡아끈다. 〈밤의 카페 테라스〉의 소재인 이 카페(그 당시에는 '테라스'라고 불렸으나 지금은 '반 고흐

카페'라고 불린다)는 아직 남아 있어서 아를을 찾는 관광객들의 명소가 되었다.

반 고흐는 이 작품에 대해 동생 빌헬미나에게 이렇게 얘기한다.

"테라스에서는 꼭 인형처럼 생긴 사람들이 술을 마시고 있어. 커다란 노란색 등이 테라스와 카페 정면, 인도를 환하게 밝혀주고, 심지어는 장밋빛과 보랏빛 색조를 띤 거리의 포도 위에까지 빛을 비추지. 별이 총총한 하늘 아래 사라져 가는 길거리 양편에 서 있는 집들의 박공은 짙은 푸른색이나 보라색을 띠고 있어. 나무는 초록색이고…. 자, 이렇게 해서 아름다운 푸른색과 보라색, 초록색뿐 검은색은 없는 그림이 탄생했단다. 그리고 이 주변 풍경 속에서 환히 밝혀진 광장은 연한 유황색과 초록색이 섞인 노란색으로 물들었어. 현장에서 직접 밤 풍경을 그린다는 건 꽤 재미있는 일이야."

이 작품은 원색인 파랑과 노랑을 사용해서 한층 더 선명해 보인다. 게다가 하늘에 별이 총총한 이 작품은 1년 뒤 생레미드프로방스(Saint-Rémy-de-Provence)에서 그릴 반 고흐의 또 다른 걸작 〈별이 빛나는 밤〉을 예고한다.

별이 총총한 밤 반 고흐, 1888년, 오르세 미술관

반 고흐 다리

반 고흐 카페에서 10분쯤 걸어가면 아를을 휘감아 흐르는 론강이 나타난다. 강가에 앉아 있다 보면 〈별이 총총한 밤〉의 풍경도 볼 수 있을 것이다.

그는 아를에 머무르면서 인근의 부크라는 곳까지 이어지는 선박 항해용 운하에 걸쳐진 12개의 도개교 중 하나를 화폭에 담았다. 이 도개교는 그것을 열었다 닫았다 하는 사람

빨래하는 여인들이 있는 랑글루아 다리 반 고흐, 1888년, 크뢸러 뮐러 미술관

반 고흐 다리 Chem. de Maillanen, 13200 Arles
아를 관광안내소에서 남쪽 2.5km 지점에 있으며, 걸어가면 40분가량 걸린다.

의 이름을 따서 랑글루아 다리라고 불렸고, 지금은 흔히 '반 고흐 다리'라고 불린다. 프랑스어가 서툴렀던 반 고흐는 랑글루아(Langlois)를 랑글레(l'Anglais, '영국 사람'이라는 뜻)로 잘못 알아들어 "영국인 다리, 영국인 다리…"라고 말했다고 한다. 그는 이 다리를 주제로 10여 점의 그림을 그렸다. 이 운하를 설계한 사람이 네덜란드 기술자라 고향에 대한 향수를 느껴서였다고 하고, 실제로 이런 내용으로 편지를 써 보내기도 했다.

그런데 지금 우리가 볼 수 있는 반 고흐 다리는 원래 반 고흐가 그렸던 그 다리가 아니다. 아를 시내에 있던 진짜 다리는 그 자리에 45m짜리 콘크리트 다리가 건설되면서 없어졌다. 그렇다면 우리가 운하에서 볼 수 있는 반 고흐 다리는 어떤 다리일까? 제2차 세계대전 당시 독일군은 앞에서 말한 12개의 도개교 중에 포스쉬르메르라는 곳에 있는 도개교 하나만 남겨놓고 다 파괴해 버렸다. 이 유일하게 남은 이 도개교가 바로 지금의 반 고흐 다리다.

반 고흐와 고갱이 그린 〈레잘리스캉〉

1888년 10월 23일, 반 고흐는 파리에서 내려온 고갱과 함께 그림을 그리기 시작한다. 아를에서 두 사람의 관계는 고흐가 귓불을 자르면서 파탄을 맞지만, 둘의 관계가 처음부터 나빴던 건 아니었다. 처음에는 뜻이 잘 맞아 같이 그림을 그렸다. 그중 대표적인 작품이 〈레잘리스캉〉이다.

레잘리스캉(Les Alyscamp)은 아를 변두리에 있는 공동묘지

레잘리스캉 Av. des Alyscamps, 13200 Arles

레잘리스캉
고갱, 1888년
오르세 미술관

로, 로마 시대부터 존재했다. 이 묘지가 세상에 널리 알려진
것은 이곳 출신으로 303년에 참수당한 쥐네스트 성인(Saint
Genest) 덕분이다. 그 이후로 많은 사람들이 아를의 주교들처
럼 이 묘지에 묻히고 싶어 했다. 그리하여 한때는 수천 개의
석관이 몇 열로 놓여 있었다고 전해진다.

　고갱의 〈레잘리스캉〉은 오르세 미술관에서 볼 수 있다.
이 작품에 석관은 등장하지 않는다. 후경에 반구형 탑과 로마네스크식 성당의 일부, 전경에 들판과 나무들, 수로가 그려져 있으며, 전통 복장을 입고 있는 두 여성과 한 남성이 수로를 따라 걷고 있다.

화면을 병치시키고 선영을 넣는 등 이 작품은 고갱이 주도한 종합주의 기법의 특징을 보여준다. 그는 세잔에게서 빌려온 이 같은 붓놀림으로 현실 세계를 모방하지 않고 모티프를 표현할 수 있었다. 매우 강렬한 색의 사용 역시 그가 풍경을 주관적이고 장식적으로 해석했다는 사실을 보여준다.

같은 해 반 고흐가 그린 〈레잘리스캉의 가로수길〉은 2015년 소더비즈 경매에서 한 아시아 수집가에게 약 716억

**레잘리스캉의
가로수길**
반 고흐,
1888년
개인 소장

오텔디유 병원 안에 전시된 반 고흐의 그림 2, place Félix Rey, 13200 Arles

원에 낙찰되기도 했다.

두 사람의 관계는 점점 더 악화되다가 결국 12월 23일, 격렬한 다툼 끝에 반 고흐는 자신의 왼쪽 귓불을 자른다. 그 다음 날, 그는 오텔디유 병원에서 자신을 치료해준 의사 레이의 초상화를 그린다.

1889년 2월 7일, 아를 사람들은 반 고흐가 공공질서를 해친다며 추방할 것을 요구하는 탄원서를 제출한다. 들롱 의사는 그를 정신병원에 입원시키기 위해 그가 환청과 환각에 시달린다는 진단서를 작성한다. 3월, 반 고흐는 〈귀에 붕대를 감은 남자〉를 그린다. 그는 오텔디유 병원에 강제수용되었다가 이 도시의 다른 동네에 있는 레이 의사의 아파트를 임대한다.

귀에 붕대를 감은 남자 반 고흐, 1889년, 코톨드 미술연구소

반 고흐가 남긴 자화상들

5월 8일, 반 고흐는 아를을 떠나 생레미드프로방스에 있는 생폴드모졸레 정신병원(Monastery St. Paul de Mausole)에 자진해서 입원하기로 한다.

매표소를 지나면 맨 먼저 반 고흐의 자화상 복제품(이 그림은 오르세 미술관에 전시되어 있다)이 우리를 맞이한다. 그는 1886년에서 생에 머무른 1889년 사이에 40여 점의 자화상을 그렸다. 특히 생폴드모졸레 정신병원에 있는 동안 모델을 찾기가 쉽지 않아서 자화상을 여러 점 그렸는데, 이 자화상도 그중 하나다. 자화상에는 왼쪽 옆얼굴만 보이는데, 이는 손상된 왼쪽 귀를 감추고 거울에 비친 모습을 그린 것이다.

생폴드모졸레 정신병원 2, VC des Carrières, 13210, Saint-Rémy-de-Provence

생폴드모졸레 정신병원 안에 전시된 자화상

반 고흐가 그린
생폴드모졸레
정신병원

이 그림 말고도 오르세 미술관에서는 1887년 파리에서 그린 또 다른 자화상을 볼 수 있다. 오슬로 미술관에는 수십 년간 진위를 놓고 논란이 되었던 고흐의 우울한 모습을 그린 자화상이 전시되어 있다.

자화상
반 고흐, 1887년
오르세 미술관

자화상
반 고흐, 1889년
오슬로 미술관

붓꽃 반 고흐, 1889년, 게티 센터(LA)

거기에서 몇 걸음 옮기면 붓꽃이 눈에 띈다. 반 고흐는 1889년 5월 첫 번째 발작을 일으키기 전에 이 정신병원 정원에서 일을 하며 〈붓꽃〉을 그렸다. 일본 우키요에의 영향을 받은 이 작품에서는 그가 이후에 그리게 될 많은 작품에서 엿보이는 팽팽한 긴장감이 느껴지지 않는다. 어쩌면 〈붓꽃〉은 광기에 빠지지 않으려는 그의 마지막 몸부림이었는지도 모른다. 테오는 이 작품의 진가를 알아보고 그해 9월 파리에서 열린 앵데팡당전에 출품했다.

〈별이 빛나는 밤〉 속 실편백나무의 상징

길 왼쪽에는 러시아 출신 조각가 자드킨(1888~1967)이 조각한 반 고흐의 흉상이 서 있고, 정신병원 건물 안으로 들어가면 1층에 동생 테오가 보낸 편지를 왼손에 들고 있는 반 고흐의 전신상이 관람객을 맞는다. 이 전신상 역시 자드킨의 작품으로, 1992년에 파리 자드킨 미술관이 보유하고 있던 반 고흐의 석고상을 두 번째로 청동 주조한 것이다. 이 전신상은 1965년 처음으로 청동 주조되어 그다음 해 정신병원 건물로 들어오는 길에 설치되었으나 1989년에 도난당했다가 2009년에 발견되어 지금은 생레미드프로방스의 알피으 박물관에 전시되어 있다.

정신병원 2층에는 반 고흐의 방이 있다(아틀리에는 1층에 있었다). 달랑 침대와 의자, 화가(畫架)뿐. 이 방에 처음 들어서는 순간, 그는 너무나 절망스러워서 고독 속에 자신을 고립시켰을 것이다. 정신병원에 30년이나 갇혀 있다가 죽음을 맞이한

자드킨이
조각한
고흐의
전신상

생폴드모졸레 정신병원에 있던 반 고흐의 방

'저주받은' 조각가 카미유 클로델(쥘리에트 비노슈가 카미유 클로델 역을 맡은 영화 〈카미유 클로델, 1915〉(브뤼노 뒤몽 감독, 2013)은 생폴드모졸레 정신병원에서 촬영되었다)처럼 말이다.

하지만 정신병원에 들어간 뒤로 조각을 그만둔 카미유 클로델과는 달리 반 고흐는 여기 갇혀 있던 1년 동안 〈별이 빛나는 밤〉과 〈붓꽃〉 연작, 〈꽃을 피운 아몬드나무〉, 〈밀밭〉, 〈실편백나무〉, 〈자화상〉 등 150여 점에 이르는 유화와 100여 점에 달하는 데생을 그린다. 그의 고통은 하늘에 보이는 나선과 밀밭의 소용돌이, 울퉁불퉁한 나무줄기로 표현되었다.

이곳에서 머문 1년 사이 그는 건강이 점점 나빠졌다. 그럼에도 정신착란으로 인해 세 차례 심각한 발작을 일으켰을 때를 빼고는 계속 그림을 그렸다.

1888년 가을 아를에 살 때 〈별이 총총한 밤〉을 그렸던 반 고흐는 생레미에서 다시 〈별이 빛나는 밤〉을 그린다. 작품의 3분의 2 정도를 차지하고 있는 하늘에는 달(그림 오른쪽 위)과 금성(실편백나무 오른쪽), 별들이 있다. 별들과 달, 금성은 후광으로 둘러싸여 있으며, 성운을 연상시키는 소용돌이가 하늘에 휘몰아치는 듯 보인다. 아래쪽에는 반 고흐의 방에서 보이는 생레미 마을이 있다. 마을 뒤쪽으로 알피산맥이 보이고, 하늘과 알피산맥 사이에 구름이 낮게 깔려 있다.

전경에 그려진 실편백나무는 흔히 죽음의 상징으로, 묘지의 나무로 여겨진다. 반 고흐 자신의 말에 따르면 '죽음은 곧 해방'이다. 그것이야말로 땅에서 하늘로 올라갈 수 있는

별이 빛나는 밤 반 고흐, 1889년, 뉴욕현대미술관(MoMA)

유일한 방법이기 때문이다.

1890년 5월 19일 파리로 올라가서 동생 테오를 잠깐 만난 반 고흐는 오베르쉬르와즈 마을로 떠났고, 70일 뒤에 하늘로 올라가 그렇게 별이 되었다.

생레미드프로방스는 노스트라다무스(1503~1566)가 태어난 마을로 그의 생가(6, rue Hoche, 13210 Saint-Rémy-De-Provence)가 있다.

도데의 풍차 마을 퐁비에유

반 고흐가 입원해 있던 생폴드모졸레 정신병원을 찾아가기 위해 아를에서 북동쪽으로 25분가량 차로 달려가다 보면 퐁비에유(Fontvieille)라는 작은 마을이 나타난다. 자동차를 야외 주차장에 세워두고 진한 소나무 향이 코끝을 간지럽히는 야트막한 바위산을 10분쯤 천천히 걸어 올라가면 풍차가 하나 나타난다. 바람이 불면 금방이라도 빙글빙글 돌아갈 것 같은 이 풍차는 흔히 '도데의 풍차'로 알려져 있다.

프로방스 출신의 작가 알퐁스 도데(1840~1897)는 파리에서 30년을 살았다. 그는 삶이 힘들게 느껴질 때마다 퐁비에유를 찾아와 친구인 앙브로이 가족이 소유하고 있던 몽토방성에 머무르며 휴식을 취하곤 했다. 그리고 시간이 날 때마다 성에서 멀지 않은 풍차까지 천천히 걸어 올라가 앞에 드넓게 펼쳐진 풍경을 바라보았다.

도데의 풍차 Av. des Moulins, 13990 Fontvieille

사실 알퐁스 도데는 1814년에 세워진 이 풍차에 살지도 않았고 이 풍차의 주인인 적도 없었다. 하지만 그는 이 풍차 주변에서 영감을 얻어 단편집《풍차 방앗간 편지》에 실린 〈코르니유 영감의 비밀〉을 썼다.

풍차 방앗간의 풍차가 하루 종일 돌아가는 마을이 있었다(아마도 퐁비에유일 것이다). 마을 사람들은 수확한 밀을 이곳으로 가져가서 빻았다. 그러던 어느 날, 이 마을에 증기를 이용한 방앗간이 들어왔다. 그러자 마을 사람들은 더 이상 풍차 방앗간을 찾지 않고 증기 방앗간으로 우르르 몰려갔다.

그리하여 마을의 풍차 방앗간은 전부 다 문을 닫을 수밖에 없었다. 하지만 단 한 곳, 60년 동안 풍차 방앗간 일을 해온 코르니유 영감의 풍차는 계속해서 돌아갔다. 사람들이 궁금해하자 그는 빻을 것이 많아서 풍차 방앗간을 계속 돌린다고 대답하면서도 방앗간 안은 보여주지 않았다. 심지어는 그가 가장 사랑하는 손녀 비베트에게도 보여주지 않을 정도였다.

비베트는 마을 청년 한 사람과 사랑하는 사이였다. 하지만 코르니유가 반대하자 그를 설득하기 위해 청년과 함께 방앗간으로 찾아간다. 코르니유가 마침 외출 중이어서 그들은 방앗간 안으로 들어갔다. 그런데 놀랍게도! 밖에서는 풍차가 돌아가고 있었지만, 안에 있는 맷돌은 움직이지 않았다. 그동안 코르니유 영감의 풍차 방앗간은 아무것도 빻지 않았던 것이다.

두 사람은 마을 사람들에게 이 사실을 알렸다. 진실을 알게 된 마을 사람들은 밀을 모아 코르네유 영감의 풍차 방앗간으로 가져가고, 그걸 받아든 영감은 신이 나서 다시 맷돌을 돌렸다. 풍차는 코르니유 영감이 세상을 떠날 때까지 마을 사람들이 들고 오는 밀을 찧으며 계속 돌아갔다. 그가 죽자 풍차 방앗간은 역사의 뒤꼍으로 사라져갔다.

카마르그의 여름밤을 장식한
작고 새까만 황소의 승리

아를을 지나 남쪽으로 흐르는 론강과 동쪽으로 흐르는 프티론강 사이에 형성된 카마르그(Camargue)는 생태계가 매우 잘 보존된 습지로 늪과 호수, 갈대밭, 모래 해변, 염전 등 다채로

**카마르그의
대표 상징
검은 황소**

운 풍경을 보여준다. 유럽에서 가장 넓은 이 습지를 자동차로 달리다 보면 이 지역의 상징과도 같은 홍학과 흰색 말, 그리고 검은 황소를 볼 수 있다.

뿔이 위로 곧게 뻗어난 이 작고 새까만 황소는 카마르그 습지에서 중세 때부터 사육되었다. 이 황소는 세 살이나 네 살이 되면 처음으로 투우 경기장(아를과 님, 뤼넬, 보케르, 샤토르나르 등 프로방스 도시에 규모가 큰 투우 경기장이 있다)에 입장한다. 황소의 두 뿔 사이에 방울 술('코카르드(cocarde)'라고 부른다) 2개가 달린 리본을 묶는다. 이 리본은 이 황소가 '싸움소'라는 것을 의미한다.

황소를 풀어놓으면 흰옷을 입은 투우사(카마르그의 투우사는 '코카르디에(cocardier)'라고 부른다)는 황소와 맞서며 작은 갈고리로 이 리본을 잡아채려고 애쓴다. 투우사가 리본을 뺏으면 상금을 받게 된다. 반면에 황소가 화도 내고 꾀도 부리며 15분 동안 버티는 데 성공하면 영광스러운 승자가 되어 주인이 모는 트

럭을 타고 카마르그의 풀밭으로 돌아가서 다음 싸움에 불려 가기를 기다리며 풀을 뜯는다. 하지만 리본을 뺏긴 황소는 좁은 경기장과 시끄럽게 고함을 질러대던 관객, 악착 같았던 투우사를 원망하면서 복수를 다짐할 것이다.

프로방스에 살 때 내게는 나보다 서른 살 어린 프랑스 남자 대학생 친구가 있었다. 그는 자기가 사는 뤼넬이라는 동네의 원형경기장에서 투우 경기가 벌어지는데 보여주고 싶다고 말했다.

여름이라 투우는 밤 10시쯤 시작되었는데 경기장은 이미 관람객들로 꽉 차 있었다. 작은 덩치에 뿔을 천으로 감싼 카마르그 황소의 투우 경기는 덩치가 엄청난 황소(뿔이 땅 쪽으로 향해있는)가 화려한 의상을 차려입은 투우사에게 희롱당하다가 결국 죽음을 맞이하는 스페인 투우와는 달리 위험하지 않다. 황소를 죽이지도 않는다.

그래서인지 이날 밤의 투우 경기는 마치 동네 축제처럼 즐거운 분위기였다. 동네 청년들로 보이는 남자 투우사들은 자기가 좋아하는 여자에게 바치겠다며 황소에게서 리본을 빼앗으려고 열심히 뛰어다녔다. 하지만 헛수고였다. 황소는 인간들이 자신의 뿔에서 리본을 낚아채도록 내버려 두지 않았다. 결국 황소가 승리를 거두었다.

어른 황소가 의기양양하게 경기장을 빠져나가자 새끼 황소가 등장했다. 이번에는 반대로 여자들이 좋아하는 남자에게 리본을 선물하려고 어린 황소의 꽁무니를 줄줄 따라다녔다. 새끼 황소도 어른 황소 못지않게 민첩했다. 여자 투우사들은 어린 황소의 뿔에 달린 리본을 뺏기 위해 거친 숨을 몰아쉬며 뛰어다녔지만 어린 황소는 그들보다 훨씬 더 빨랐다. 황소들의 완전한 승리였다.

카마르그 쌀이 유명한 이유

프로방스에서 살기 시작한 1996년 9월 중순, 아를에서 출발하여 동쪽의 '집시 마을' 생트마리드라메르로 가기 위해 국도를 달렸다. 그런데 출발하고 얼마 지나지 않아 금가루를 뿌려놓은 듯 황금물결이 길 양쪽에서 출렁이는 것이었다. 논에서 벼가 가을 햇볕을 쬐며 누렇게 익어가고 있었다. 나는 놀랐다. 아니, 프랑스에서도 벼를 재배하는 거야? 목적지에 도착해서 사람들에게 물어보니, 방금 지나온 카마르그 지역에서만 프랑스에서 유일하게 쌀을 재배한다고 한다. 기후가 온난하고, 주변에 론강과 가르강이 흐르고 있어서 안정적으로 물 관리를 할 수 있으며, 지형이 평평해서 벼를 재배하기에 최적이라는 것이었다.

　제2차 세계대전이 일어나자 프랑스 정부는 1940년 초 식민지였던 베트남에서 2만 명의 노동자를 강제로 동원하여 프랑스의 무기 공장에서 일하게 했다. 전쟁으로 인해 식량부족이 우려되자 1941년 프랑스 정부는 이들 중 5백 명을 카마르그로 보내 다시 쌀농사를 짓게 했다. 이들의 노동조건

은 매우 열악해서 임금이 이탈리아나 스페인 출신 농업 노동
자가 받는 임금의 절반에 불과했으며 수용소나 다름없는 임
시 숙소에 갇혀 살았다. 카마르그의 논은 오랫동안 경작되지
않고 버려져 있었지만, 이들은 고국에서 조상 대대로 전해져
내려오는 노하우를 이용하여 1942년 10월, 250ha의 논에서
250t의 쌀을 수확, 성공을 거두었다. 그다음 해에는 500t을,
1946년에는 1,000ha의 논에서 1,900t의 쌀을 수확하여 그들

은 카마르그가 프랑스의 유일한 쌀 산지로 자리 잡는 데 결정적으로 이바지했다.

베트남 사람들이 8,000km나 떨어진 이국땅에 끌려와 고난 속에서 땀과 눈물로 일구어낸 이 카마르그평야를 보고 있으니 어렸을 때 부모님이 힘들게 쌀농사를 지으시던 호남평야가 오버랩되었다. 조정래가 쓴 대하소설《아리랑》의 배경이 된 그 평야에서도 일제강점기에 생산된 쌀이 식민자에 의

생트마리드라메르 성당 지붕에서 내려다본 마을과 지중해

해 수탈되었다. 강자가 약자의 것을 빼앗는 것은 끊임없이 되풀이되는 역사의 법칙인가.

집시들의 고향 생트마리드라메르

엑상프로방스 교구의 성무일과서에는 다음과 같이 기록되어 있다. "그리스도의 많은 제자들이 팔레스타인에서 박해당하고 우리 지역으로 와서 기독교 신앙을 전파하였다."

마리 자코베와 마리 살로메는 마리 마들렌, 라자르, 막시민 등 많은 사람들과 함께 체포되어 돛도 없고 노도 없는 배에 강제로 태워졌다. 그러나 성령이 이들을 프로방스의 바닷

검은 사라 입상
2 Pl. de l'Église, 13460
Saintes-Maries-de-la-Mer

가로 데려갔다.

제자들은 먼 곳으로 복음을 전하러 떠났지만, 제자들의 어머니였던 마리 자코베와 마리 살로메는 나이가 많았으므로 배가 닿은 바닷가에 머무르게 되었고, 이 바닷가 마을은 생트마리드라메르(Saintes-Maries-de-la-Mer), 즉 '바다의 성녀들'이라고 불리게 되었다. 이 두 성녀는 이 지역 사람들과 이 지역을 점령하고 있던 로마인에게 복음을 전하게 될 것이다.

카마르그의 남서쪽 끝자락, 지중해 변에 자리 잡은 생트마리드라메르 성당(Église de Notre-Dame-de-la-Mer des Saintes-Maries-de-la-Mer)의 지하 예배당에는 이 두 성녀의 입상이 모셔져 있고, 그 옆에 얼굴이 새까만 여성의 입상이 있다. 이 여성은 집시들의 수호 성녀인 '검은 사라'로, 마리 자코베와 마리 살로메의 하녀였다. 사라 성녀는 알록달록한 색깔의 옷을 입고 보석으로 장식된 모습으로 서 있다. 가운데 제단에는 그의 유해가 묻혀 있으며, 벽에는 집시들이 들고 가는 예배 행렬의 십자가가 기대어 있다.

매년 5월이 되면 프랑스는 물론 유럽 전역에서 집시들이 이 작은 마을을 찾는다. 그리고 5월 24일과 25일에 이 마을에서 열리는 순례 행사에 수많은 집시들이 불 켜진 초를 들고 이 지하 예배당으로 몰려든다. 그들은 사라 성녀의 유해와 입상을 끄집어내서 바다까지 모시고 간 다음 바닷물에 담근다. 이것은 마리 자코베와 마리 살로메 성녀를 기다리고 맞이한다는 상징적 의미를 가진다.

텔린
페르시아드

프로방스에 살 때 생트마리드라메르에서 텔린 페르시아드(Telline persillade)라는 음식을 자주 먹었다. 텔린은 카마르그 지역에서 주로 잡히는 작은 조개로, 텔린 페르시아드는 이 텔린을 파슬리와 다진 마늘로 만든 페르시아드 소스로 양념해서 볶은 음식이다. 꼭 과자처럼 생긴 이 조개는 모래 속에서 자라는데, 작아서 사람 손으로는 잡기 힘들고 작은 트롤망이 달린 써레로 잡는다. 이 조개는 크기는 작지만 삶으면 헤이즐넛 향을 풍긴다.

올리브와
올리브유

올리브와 올리브유, 붉은 포도주가 장수를 보장한다는 것은 널리 알려져 있다. 그리고 이 세 가지를 모두 생산하는 곳이 바로 프로방스 지역이다. 눈부신 태양 아래 초록색으로 반짝이는 올리브나무 잎사귀는 프로방스의 전형적인 풍경이다.

올리브유가 빠진 프로방스 요리는 상상할 수 없다. 지중해 유역

올리브밭

이 원산지인 올리브나무는 이미 야생 상태로 프로방스 지역에서 자라고 있었으며, 이 나무를 재배하여 열매를 으깨서 기름을 만들기 시작한 것은 그리스인들이었다. 오랫동안 올리브유는 요리에 사용되기에는 너무 귀한 것으로 여겨졌다. 올리브유는 등에 불을 켜는 데 쓰였고, 고대인들은 이 기름을 몸에 바르고 문질렀다.

올리브유는 종교와 의학 분야에서 중요한 역할을 했다. 기원전 600년경에 지금의 마르세유를 세운 페니키아인들은 프로방스에 올리브를 최초로 심고 재배했다. 로마인들에게 올리브유는 지방질 물질을 제공하는 중요한 기본 식자재였다. 단식을 해야 하는 기독교에서도 올리브유를 사용해야만 했다. 그리하여 프로방스 지방의 수도원들은 올리브나무를 재배하기 위해 많은 애를 썼다.

이 나무는 매우 천천히 자란다. 그래서 백 살이 넘어도 키가 3m에서 10m에 불과하다. 올리브나무는 네 살에서 열 살 사이에 열매를 맺기 시작해 서른 살에서 서른다섯 살 사이에 열매를 가장 많이 맺으며, 일흔다섯 살 이후에는 더 이상 열매를 맺지 않는다. 봄에 잎 근처에 꽃봉오리가 맺혔다가 6월 초에 벌어지면서 아주 작은 흰색 꽃이 피면 바람에 의해 수분이 이루어진다.

올리브나무는 격년 주기를 따르기 때문에 모든 가지가 열매를 맺지는 않는다. 원칙적으로 첫 번째 해에 열매를 맺으면 다음 해에는 열매를 맺지 않고 자라기만 한다. 품질 좋은 올리브와 올리브유를 집중적으로 생산하는 오랑주 북동쪽 니옹 주변에서는 한해는 많은 열매가 열리고 그다음 해에는 열매가 전혀 열리지 않고 나무가 성장하기만 하는 탕슈종을 재배한다. 올리브 재배자는 봄에 가지치기를 해서 이 주기를 중단시킬 수도 있다.

올리브나무는 여러 가지 위험에 계속 노출된다. 그중 가장 큰 위험은 냉해다. 프로방스 지방의 기후는 온화하지만, 이따금 영하로 내려갈 때가 있어서 올리브나무가 견뎌내지 못한다.

프로방스에서 초록색 올리브의 수확은 대체로 10월에 시작된다. 11월이 되어 올리브 열매가 검은색으로 변해간다는 것은 올리브의 향은 더 강해지고 쓴맛은 덜 느껴진다는 것을 의미한다. 11월 말과 12월 초에는 조금 더 익은 열매를 딸 수 있고 검은색 올리브는 열매가 완전히 익은 12월과 1월에 수확한다.

올리브는 익은 정도에 상관없이 이 상태에서는 먹을 수 없다. 수확한 올리브를 먹을 수 있는 가장 간단한 방법은 살짝 쪼갠 올리브를 10일 정도 물속에 담그고 물을 몇 차례 갈아준 다음, 유리병을 향초(香草)를 넣은 소금물로 채우고 그 속에 넣어두는 것이다.

피콜린이나 프로방스 지역에서 주로 재배되는 살로넨크종 같은 올리브는 중탄산소다 10% 액에 6~12시간 정도 담근 다음 6일 동안 물 속에 넣어둔다. 그리고 회향과 고수, 월계수 잎을 넣고 끓인 소금물에 담갔다가 식히면 2주 후에는 올리브를 먹을 수 있다.

니스 주변에서 재배되는 카이유티에종이나 니옹 주변의 탕슈종 같은 검은 올리브는 몇 달 동안 소금물에 담가두기만 하면 된다.

마르세유 주변에서 재배되는 그로산종 올리브는 포크로 찌른 다음 큰 병 속에 한 층씩 집어넣으면서 중간중간 소금을 뿌려 준다. 그런 다음 올리브와 소금을 몇 차례 뒤집어주고 5일 동안 기온이 영하로 떨어지는 밤중에 밖에 내놓았다 먹으면 된다.

올리브유를 만들기 위해서는 올리브를 그물망에 떨어트린 다음 손이나 기계로 수확한다. 한그루에서 10~30kg 정도 생산한다. 방앗간에서는 올리브를 씻고 분류한다. 그런 다음 올리브를 얇게 펴놓고 화강암 맷돌로 갈아 반죽을 얻고 둥근 나일론 천 위에 펼쳐놓는다. 이 천을 압착기 밑에 여러 개 쌓아놓고 서서히 압력을 가하면 올리브유가 방울방울 떨어진다. 이렇게 하면 5kg 올리브로 1L의 기름을 얻을 수 있다. 그런데 이 기름에는 물이 섞여 있다. 옛날에는 기름이 물보다 가볍다고 생각하여 물과 기름이 저절로 분리되도록 내버려 두었지만, 지금은 원심분리기를 이용하여 1차 냉압으로 올리브유를 얻는다. 가열하지 않은 이 올리브유는 황금색을 띠며 맛이 매우 진하다. 올리브유를 짜는 이 같은 전통 방식은 맷돌을 기계로 움직인다는 것만 제외하면 오랫동안 달라지지 않았다.

마르세유　　Marseille

아를에서 출발하여 원산지 등록 라벨(A.O.C.)을 획득한 건초를 생산하는 광활한 크로 대초원 지대를 지난 열차는 서서히 프랑스 제2의 도시이자 최대 항구인 마르세유(Marseille)로 진입한다.

기원전 6세기경 그리스에 살던 포카이아 사람들이 건너와 건설한 마르세유의 역사는 무엇보다도 이민자들의 물결에 의해 만들어졌다고 할 수 있다. 그 뒤로 이 도시는 율리우스 케사르에게 점령당하면서 로마 제국의 일부가 되었고, 연이어 서고트족과 동고트족의 손에 넘어가면서 그리스인과 아르메니아인, 이탈리아인, 코르시카인, 유대인, 스페인인, 알제리 출신 프랑스인, 북아프리카인, 베트남인, 캄보디아인, 코모르인 등 전 세계 사람들을 받아들였다.

1822년 그리스인들은 터키인들의 학살을 피해 마르세유로 대거 밀려와 구두장이와 양복장이, 어부, 상인이 되었다. 19세기 말에는 본국에서 심각한 농업 위기를 겪은 엄청난 숫자의 이탈리아인이 이곳으로 이주해 왔다. 이들은 부두와 담배 공장, 건설 현장에서 자신들을 '보보스'라고 부르며 못살게 구는 프랑스 사람들과 치열한 경쟁을 벌인 끝에 살아남았다.

1915년의 아르메니아 학살과 1922년의 터키 독립 전쟁 당시에는 수천 명의 아르메니아인과 그리스인들이 마르세유로 유입되기도 했다.

1925년부터는 파시즘에 반대하는 이탈리아인들이 다시 한번 이민의 물결을 이루었고, 얼마 안 있어서 프랑코 독재로부터 추방당한 스페인 공화주의자들이 이 도시에 자리 잡았다.

마르세유에는 이미 오래 전에 북아프리카 이민의 역사도 시작되었다. 특히, 20세기 초 북아프리카 사람들, 그중에서도 알제리인들이 대거 '수입'되어 도시 북부에 정착해 기름 공장과 설탕 공장에서 일하기 시작했다. 또 얼마 지나지 않아 프랑스는 마르세유 근교의 포스 제철소에서 일하게 될 알제리인들을 수천 명 불러들였다.

이 수많은 민족들은 갈등과 투쟁, 화해를 거치며 마르세유의 역사를 만들어냈다. 프랑스의 그 어느 도시도, 그 기원이 너무나 다른 이들의 다양하고 이질적인 문화를 마르세유만큼 조화롭게 결합시킨 곳은 없다.

마르세유에서 가장 오래된 서민 동네 르 파니에

나는 이런 마르세유를 좋아한다. 수 세기 전부터 인종 통합의 종교를 신봉하면서 함께 어울려 사는 이 도시가 좋다. 특히 르 파니에(le Panier)를 좋아한다. 이곳이야말로 진정한 의미

마르세유의 구시가지 르 파니에

의 '동네'다. 이 동네에는 삶을 구성하는 거의 모든 것이 존재한다. 옛것과 새것이, 추한 것과 아름다운 것이, 큰 것과 작은 것이 공존한다.

한편에는 비에이으 샤리테(Vieille Charité)나 오텔디유(Hôtel Dieu), 메종 디아망테(Maison Diamantée) 같은 크고 화려한 건물이 있고, 다른 편에는 바다를 건너 마르세유에 온 전 세계 사람들이 모여 사는 작고 소박한 집들이 있다. 한쪽에는 로마인들이 지은 고대 극장의 잔해와 13세기에 지어진 노트르담데 아쿨 성당(Église Notre-Dame-des-Accoules)의 종탑이 있는가 하면 다른 쪽에는 예술가들과 장인들이 그들의 작은 아틀리에에서 만들어 전시하고 있는 작품들이 있다.

마리우스와 자네트처럼 어울려 사는 곳

나는 이 동네에 사는 마리우스와 자네트가 좋다. 이 동네가
배경인 게디귀앙 감독의 작품 〈마리우스와 자네트〉에 등장
하는 자네트는 바른말 잘 하고 싹싹하고 마음 여린 40대 여
성으로 슈퍼에서 계산원으로 일했으나 지배인과 싸우는 바
람에 해고되어 실업자가 되었다. 그는 안뜰을 가운데 두고
여러 가족이 모여 사는 지중해의 전형적인 다가구 주택에서
피부 색깔이 다른 남매를 데리고 산다.

　자네트는 문을 닫은 시멘트 공장에서 페인트 통을 훔치
다가 경비원인 마리우스에게 들킨다. 마리우스는 자신을 파
시스트로 취급하는 자네트에게 총을 겨눈다.

　그러나 그는 자네트의 집으로 찾아와 페인트 통을 돌려

영화 〈마리우스와
자네트〉 포스터

주고 집에 칠도 해준다. 그리고 아이들과 이웃들 모두가 한 마음으로 축하해 주는 가운데 두 사람은 사랑을 꽃피운다. 그러나 이들의 결합은 생각처럼 간단하지 않다. 사회적 상황으로부터 기인하는 어려움뿐만 아니라 삶으로부터 입은 상처가 그들을 가로막는다.

그러자 '한 지붕 세 가족'이 나선다. 말솜씨 좋은 전직 초등학교 선생님 쥐스탱, 젊었을 때 독일 강제수용소에 끌려갔었던 골수 공산주의 투사 카롤린, 항상 활기찬 모니크와 그녀의 비실비실한 남편 데데가 이들을 격려하는 것이다. 그러나 모든 게 다 잘 되어가는 것처럼 보일 때 마리우스가 더 이상 자네트를 찾아오지 않고 시멘트 공장에 틀어박혀 버린다.

그 때문에 자네트가 활기를 잃자 쥐스탱과 데데는 무슨 일인지 알아보러 마리우스를 찾아간다. 잔뜩 술에 취해 술집에서 난투극을 벌인 끝에 마리우스는 사고로 인해 아내와 아이들을 잃었으며 다시 가정을 이루기가 두렵다고 고백한다. 쥐스탱과 데데는 잠든 마리우스를 한밤중에 자네트에게로 데려가 다시는 종적을 감추지 못하도록 침대에 꽁꽁 묶어놓는다.

마당을 둘러싸고 모여 사는 등장인물들은 마치 일상사를 언급하듯 교조주의와 극우파 르펜, 실업과 신자유주의를 이야기하며 정치와 종교가 점차 관용이라는 미덕을 잃어가는 현실을 걱정한다. 그러나 이들은 결코 목소리를 높이지 않으며, 장황한 이론으로 그런 문제들을 설명하려 들지도 않는다. 그러기는커녕, 이들은 아이올리 소스를 만드는 방법에서도 현실의 법칙을 발견한다.

"마늘은 아직 계급이 존재한다는 것을 증명하는 식물이야."

또, 이들은 단 한 문장으로 사회 문제를 요약해 버린다.

"세잔은 가난한 사람들이 사는 풍경과 동네를 그렸지요. 하지만 그의 그림들은 부자들의 집에 걸려 있는 걸요."

그리고 이들은 극우 정당인 인민전선에 투표한 데데에게 욕설을 퍼붓고 핏대를 올리며 비난하지 않는다. 그냥 그가 잘못 생각한 것이라고 가르쳐 줄 뿐이다.

이 노동자의 소우주는 현대판 모권사회다. 여기서 여성들은 강하다. 마르세유의 강렬한 태양 아래서 그들은 수다쟁이가 되어 토론을 이끌어 간다. 말도 많고, 목소리도 크다. 그들은 반항하고, 때로는 사랑한다.

더욱 다행스러운 것은 그곳에서는 우리 아이들이 놀고, 꿈꾸고, 생각하며 살아간다는 사실이다. 이렇게 피부색이 다른 남성과 여성, 아이들이 어울려 살아가는 방식은 인터넷이 세상을 지배하면서 공동체가 붕괴되어 가는 이 시대에 과연 어떻게 함께, 그리고 몸을 부딪쳐가며 살아가야 하는지에 대한 적절한 해답을 제시해 준다.

나는 마르세유의 르 파니에 동네를 찾을 때마다 20대를 보낸 서울의 금호동 동네를 떠올리곤 했다. 경사진 언덕에 다닥다닥 붙어 있는 집들, 동시에 2명이 지나가기도 힘들

어 보이는 좁고 가파른 골목, 창문마다 널려 있는 빨래, 이 집 저집에서 흘러나오는 고함과 웃음소리, 마늘 냄새, 사람 냄새….

마르세유에서 가장 오래된 이 서민 동네는 지금 젠트리 피케이션이 서서히 진행되고 있다. 하지만, 이 동네 사람들은 여전히 자기가 가진 얼마 안 되는 것과 잔정을 이웃과 나눈다. 〈응답하라 1988〉에서 덕선이네와 정환이네, 선우네, 택이네, 동룡이네가 그랬던 것처럼 말이다.

그러나 이 동네는 아픈 상처를 가지고 있다. 1942년 독일군은 전격적으로 프랑스의 자유 지대를 침공하고 마르세유를 점령했다. 이에 반발한 프랑스 레지스탕스 활동가들은 1943년 1월 독일군 장교와 병사들을 살해했다. 그러자 독일군은 이 활동가들이 르 파니에 동네에 숨어 지내면서 범죄를 저지른다고 판단하여 같은 해 2월, 이 동네에 대해 대규모 일제 단속을 벌여 유대인 782명이 포함된 1,642명을 체포하여 강제수용소로 보냈다. 그러고 난 독일군은 여기 사는 주민 2만여 명을 몰아낸 다음 1,200채의 주택을 다이너마이트로 폭파해 이 동네를 잿더미로 만들어버렸다.

마르세유를 세 번째 찾아갔을 때였나, 네 번째 찾아갔을 때였나…. 나는 늘 그랬던 것처럼 구항(Vieux Port)의 어느 술집에 앉아 파스티스를 찔끔찔끔 입안에 흘려 넣고 있었다. 그때 옆자리에서 나처럼 파스티스를 마시고 있던 한 80대 노인이 내게 관심을 보였다. 그와 이런저런 얘기를 나눈 끝에 나는 그의 삶을 아주 조금이나마 들여다볼 수 있었다.

그는 세 살 때 아버지의 품에 안겨 이탈리아를 떠나 마르세유로 이민을 왔다. 아버지는 뱃사람이었다. 열 살 때 그는 르 파니에에 있던 집이 독일군이 설치한 다이너마이트에 의해 폭파되어 순식간에 흔적도 없이 사라지는 것을 두 눈으로 똑똑히 목격했다. 순간, 그의 어린 시절도 함께 사라져 버렸다. 아버지처럼 뱃사람이 된 그는 지금도 문이 바람에 쾅 하고 닫히기만 해도 공포에 사로잡힌다고 한다. 전쟁이 그에게 치유하기 힘든 트라우마를 남긴 것이다.

파스티스

프로방스 사람들에게는 일종의 암묵적인 전통 같은 것이 있다. 점심을 먹고 나서 낮잠을 자는 것, 늘 평정을 유지하는 것, 마을 광장에서 벌어지는 페탕크 시합에 참여하는 것. 그리고 무엇보다도 시장에서 한가로이 돌아다니는 것, 동네 카페에서 파스티스(Pastis)를 한 잔 시키고 테라스에 앉아 있는 것.

나 역시 바쁜 하루 일정을 마치고 프로방스 사람처럼 구항의 한 카페 테라스에 앉아 파스티스를 주문했다. 피처럼 붉은 해가 저 멀리 수평선 위로 뉘엿뉘엿 넘어가고 있었다. 이윽고 내 앞에 놓인 파스티스도, 내 마음도 붉게 물들었다.

파스티스는 여름철 프로방스의 태양과 환희, 흥겨운 분위기, 카바농(Cabanon)이라고 부르는 작은 별장에서의 시간을 떠올리게 하는 식전주다. 여름에 더울 때 파스티스를 마시면 갈증이 싹 가신다.

파스티스는 아니스 열매로 향을 내던 음료들 중 하나로, 19세기부터 공복이나 식사 전에 소량만 마셨다. 의약품이었기 때문이다. 정말로 파스티스는 소화를 도와주고 입맛을 돋우며 위의 통증을 가라앉게 한다.

마르세유에서는 생트마르트 동네에 있는 와인 상점 주인의 아들 폴 리카르가 1932년 파스티스를 제조하여 상용화했다. 그는 감초와 아니스 같이 지중해 연안의 황무지에서 자라는 식물을 주성분으로 하

여 이 술을 제조했고, 제조법은 비밀에 부쳤다. 하지만 제2차 세계대
전이 일어나자 알코올 도수 16도 이상 되는 술은 병사들을 무기력하
게 만든다는 이유로 금지되었다.

파스티스가 다시 상용화된 것은 1951년이다. 그리고 같은 해, 페
르노(Pernod)는 그만의 노하우로 '파스티스 51'이라는 상표를 시장에 내
놓아 대히트를 쳤다.

여름은 물론 겨울에도 식전주로 마시는 이 술은 파스티스 한 수저
분량에 다섯 수저 분량의 물을 타서 마신다. 여기에 석류 시럽이나 박
하 시럽, 보리 시럽을 첨가할 수도 있다. 파스티스 한 수저 분량에 다
섯 수저 분량의 콜라를 타서 마시는 사람도 있다.

마르세유의 조각가 피에르 퓌제

르 파니에 동네를 돌아다니다 보면 이 서민 동네와는 어울리지 않아 보이는 거대한 장미색 석조 건물을 볼 수 있다. 이 3층짜리 건물은 샤리테(Charité, '자선'이라는 뜻)라고 불린다.

17세기, 전쟁이 나고 기근이 들고 역병이 돌자 많은 사람들이 집이나 일자리를 잃고 마르세유의 길거리를 떠돌아다녔다. 그러자 마르세유 시의회는 이 사람들을 모아 깨끗한 시설에 수용하기로 했다. 그리하여 빈민 보호시설이라기보다는 감옥에 가까운 샤리테 건물이 르 파니에 동네 한가운데 세워졌다.

이 건물의 설계는 이 동네에서 태어나고 자란 건축가 피에르 퓌제(1620~1694)에게 맡겨졌다. 샤리테는 회랑이 장방형 모양의 중정을 둘러싸고 있는 석조 건물(이 건물에는 바깥쪽으로 나 있

비에이으 샤리테 2 Rue de la Charité, 13002 Marseille

는 창문이 없다) 4채로 이루어져 있다. 중정 한가운데에는 코린트식 기둥이 서 있는 현관을 통해 들어가는 아름다운 예배당이 있는데, 타원형 지붕으로 덮여 있다. 샤리테는 바로크 건축의 걸작이다!

19세기 들어 이곳은 노인들과 어린아이들을 수용하는 구제원으로 바뀌었다가 다시 군인들의 숙소로 쓰였다. 그 이후에 하마터면 철거될 뻔했으나 이에 반대하며 목소리를 높인 건축가 르 코르뷔지에 덕분에 보존될 수 있었다. 지금은 완전히 보수되어 아프리카·오세아니아·아메리카 인디언 박물관과 지중해 고고학 박물관, 임시 전시장, 영화관, 도서관 등으로 쓰이고 있다.

파리 루브르 미술관에는 샤리테를 건축한 퓌제의 조각 작품 3점이 전시되어 있는데, 그중 가장 유명한 것이 〈크로토나의 밀론〉이다.

밀론은 고대 그리스 시대에 개최된 각종 운동경기에서 30여 차례나 우승한 장사였다. 어느 날 그는 숲속을 걸어가다 나무 밑동에 쐐기가 박혀 있는 것을 보았다. 평소에도 자신의 힘을 과시하는 걸 좋아했던 그는 쐐기를 뽑으려고 나무 밑동을 힘으로 벌리다가 손이 나무 틈새에 끼고 말았다. 그는 손을 빼내려고 애쓰다가 탈진한 상태에서 늑대에게 잡아먹힌 것으로 알려져 있다. 하지만 퓌제는 밀론이 늑대 대신 더 위엄 있고 힘센 동물인 백수의 제왕 사자에게 잡아먹힌 것으로 표현함으로써 이 장사에게 걸맞은 대우를 해주었다.

크로토나의 밀론 피에르 퓌제. 1671~1682년, 루브르 미술관

이 조각은 원래 베르사유궁에 설치되어 있었는데, 루이 14세가 치워버리라고 명령했다. 그가 가진 절대 권력 역시 언젠가는 사라질 것이라는 사실을 이 조각이 상기시켜 주었기 때문이리라.

프로방스의 작가 마르셀 파뇰

마르셀 파뇰(1895~1974)은 작품에서 자신의 고향인 프로방스 지역 사람들 특유의 정서와 일상, 사고방식, 풍속을 세심하게 묘사한 '프로방스의 작가'다. 1895년 마르세유 근처의 도시 오바뉴에서 태어난 그는 어릴 때부터 희곡에 관심을 보여 두 편의 희곡〈자즈〉(1927)와 〈토파즈〉(1928)로 성공을 거두었다. 특히 〈토파즈〉는 지금까지도 끊임없이 공연되는 레퍼토리다.

그 이후로 마르셀 파뇰은 연극과 영화에 집중하여 '영화화된 연극'의 거장이 되었다. 이는 특히 희곡으로 쓰였다가 영화화된 그의 유명한 마르세유 3부작 〈마리우스〉와 〈파니〉, 〈세자르〉 덕분이다. 또한 그는 〈마농〉과 〈메를뤼스〉, 〈우물 파는 인부의 딸〉, 〈아름다운 방앗간 여주인〉 같은 작품이나 또 다른 프로방스 작가 장 지오노의 작품을 각색한 〈빵집 마누라〉, 〈앙젤〉, 〈소생〉 같은 영화의 감독을 맡았다.

특히 〈빵집 마누라〉는 프랑스의 국민 영화라고 말할 수 있다. 이 영화는 장 지오노가 자신의 추억을 모아놓은《장 르 블루》에서 영감을 얻었다. 이 작품에 등장하는 여러 에피소드 중 하나가 〈빵집 마누라〉라는 영화의 출발점으로 쓰인 것이다. 그러나 마르셀 파뇰은 장 지오노의 이 단편에 극적 차원을 부여하여 살을 붙이고 내용을 풍부하게 만듦으로써 완전히 별개의 작품을 만들어냈다.

이 영화는 프로방스의 어느 마을에서 벌어지는 사건을 다룬 이야기다. 이 이야기에는 사제와 세속적이고 공화주의자인 교사, 국수주의자이자 왕정주의자인 후작, 하녀 셀레스트 등 마르셀 파뇰 작품의 전형적인 인물들이 등장한다. 빵집 주인의 아내가 바람이 나서 도망친(그래서 이 불쌍한 빵집 주인은 더는 빵을 굽지 않는다) 이 사건은 마을 전체의 사건이 될 것이며, 이 사건이 해결되려면 모든 마을 사람들이 힘을 합쳐야만 한다. 그래서 영원한 숙적인 교사와 신부가 힘을 합치고, 후작이 앞장을 선다.

〈빵집 마누라〉는 마을의 민주주의에 관한 영화다. 이 공동체 구성원 중 한 명이 당하는 불명예는 곧 공동체 전체의 불명예이며, 빵집 주인의 명예를 회복하려면 모두가 나서야 한다. 바로 이것이 마르셀 파뇰의 영화가 전하려는 메시지다.

빵집 마누라의 연인이 된 양치기는 뜨내기일 뿐 마을 사람이 아니다. 그는 공동체의 '이방인'이다. 그러니 마을이 균형을 되찾으려면 양치기가 떠나야 한다. 그런 다음 빵집 주인이 아내를 용서하면 모든 것이 '이전'으로 돌아갈 것이다.

나는 이 영화에서 배우 라이무가 연기한 빵집 주인이 가

출했다가 집으로 돌아온 고양이를 야단치는 유명한 장면을 잊지 못한다. 사실 그가 야단치고 싶었던 건 고양이가 아니라 젊은 남자와 바람이 나서 야반도주를 했다 돌아온 빵집 마누라 오렐리였다.

마르셀 파뇰은 4부작으로 펴낸 자전적 성장소설 《마르셀의 여름》(《아버지의 영광》, 《어머니의 성》, 《비밀의 시간》, 《사랑의 시절》)에서 프로방스에서 보낸 자신의 어린 시절과 청소년 시절에 대해 이야기한다.

《어머니의 성》 말미에서 마르셀은 어떻게 해서 1941년에 우연히 라 뷔진이라는 성을 사들이게 되었는지를 설명한다. 그리고 이 성을 둘러보다 어릴 때의 추억을 기억해 내고 깜짝 놀란다. 어린 시절, 그의 가족은 매주 주말 바스티드 뇌브라는 별장까지 가기 위해 9km를 걸어야 했다. 더더구나 어머니는 무거운 가방을 들고 어린 제르민까지 안고 가야 해서 더욱 힘들어했다. 그러다가 마르셀의 아버지는 우연히 제자인 부지그를 만난다. 운하 관리인인 그는 운하를 따라가는 지름길을 이용하면 별장까지 훨씬 빨리 갈 수 있다고 알려준다. 하지만 이 지름길로 가려면 사유지를 통과해야만 했다. 그래서 부지그는 이 사유지에 있는 3채의 집을 통과할 수 있는 열쇠를 마르셀의 아버지에게 건네준다. 이로써 마르셀의 가족은 별장까지 30분도 채 안 걸려 갈 수 있게 된다.

결국 첫 번째 집주인과 두 번째 집의 관리인에게 들키지만 이들은 좋은 사람들이어서 아무 문제가 안 생긴다. 그러나 세 번째 집의 관리인은 매우 고약한 인물이다. 그는 이 일을 윗선에 보고하여 마르셀의 아버지가 학교에서 쫓겨나도록 하겠다고 큰소리치지만 마르셀의 가족은 가족애로 더욱 똘똘 뭉쳐 이 문제를 해결한다.

이 작품은 1990년 이브 로베르 감독에 의해 영화화되었는데, 여기서 마르셀 가족이 몰래 지나가다가 첫 번째 집주인에게 들키는 장소가 바로 라 뷔진성(Château de la Buzine)의 정원이다. 하지만 이 집주인은 장군 출신으로 험악한 인상과는 달리 마르셀의 어머니에게 장미꽃을 선물할 만큼 낭만적이고 젠틀한 신사다. 수십 년 뒤에 이 성의 주인이 된 마르셀은 이 사유지를 통과할 때마다 집주인에게 들킬까 봐 가슴을 졸였던 어머니를 먼 기억 속에서 다시 만난다.

라 뷔진성은 마르세유 생샤를 기차역에서 동쪽으로 15km 정도 떨어진 마르세유 11구에 자리 잡고 있다. 19세기에 지어진 이 건물은 지금 마르셀이 원했던 대로 지중해 영화센터로 쓰이고 있으며, 5ha나 되는 공원이 성을 둘러싸고 있어서 잠시 벤치에 앉아 휴식을 취하기 좋다.

라 뷔진성에서 북쪽으로 5km가량 떨어진 벨롱 마을에 가면 마르셀 가족이 주말과 여름 바캉스를 보냈던 별장 바스티드 뇌브(Bastide Neuve · 115, chemin des Bellons, 13190 Allauch)가 있다. 마르셀은《아버지의 영광》에서 "나는 이 별장에서 내 생애

라 뷔진성 56 Trav. de la Buzine, 13011 Marseille

가장 아름다운 날들을 보냈다"라고 말한다. 다 허물어져 가
는 농가를 보수한 이 별장은 1층에는 식당, 2층에는 방들이
있다. 이 별장에서는 아래쪽으로 올리브밭과 트레이으 마을
이 내려다보이고, 뒤쪽으로는《아버지의 영광》과《어머니의
성》의 배경인 해발 731m의 가를라방 산괴가 멀리 올려다보
인다.

　2009년 여름, 나는 이 두 작품을 번역하기 전에 사전답사
를 위해 생트빅투아르산이 아스라하게 멀리 보이는 가를라
방 산괴에 오른 적이 있다. 그때 여기서 나는 이 작품에 등장
하게 될 붉은색의 거대한 원추형 바위산 테트 루즈(붉은 머리)와
그보다 조금 더 높은 타우메산, 그리고 아주 멀리 하늘에 닿
아 있는 듯 가를라방 산괴에서 가장 높은 가를라방산을 보았

다. 《아버지의 영광》에서 마르셀이 그랬던 것처럼 꽤나 더운 날씨여서 몹시 목이 말랐었고, 그처럼 계곡에서 길을 잃고 오랫동안 헤매었기 때문에 그때의 등정은 지금도 내 기억 한 켠에 남아 있다.

마농의 샘물이 흐르는 라 트레이으

바스티드 뇌브 남쪽의 라 트레이으(La Treille) 마을은 《아버지의 영광》과 《어머니의 성》의 주 무대다. 마르셀의 절친한 친구가 된 릴리가 여러 차례 마르셀을 기다리고, 그의 아버지 조제프가 사냥해서 잡은 바르타벨이라는 아름다운 자고새를 동네 사람들에게 보여주며, 신부가 바르타벨을 안고 있는

시갈롱 식당 9 Bd Louis Pasteur, 13011 Marseille

조제프의 사진을 찍어주는 곳이 바로 라 트레이으다.

이 마을에서 마르셀 파뇰이 연출한 영화 〈조프루아〉(1934)와 〈시갈롱〉(1935)도 촬영되었다. 지금도 문이 열려 있는 시갈롱 식당(Le Cigalon de la Treille)의 테라스에 앉아 차 한 잔 마시며 저 아래 펼쳐진 전망을 감상하는 것도 프로방스 여행이 안겨주는 수많은 즐거움 중 하나다.

〈마농의 샘〉(1952) 역시 여기에서 촬영되었다. 이 영화에는 그의 아내 자클린 파뇰이 마농 역을 연기했다. 지금도 교회 앞 작은 광장에 있는 작은 마농의 샘에서는 졸졸 물이 흘러나온다. 마르셀 파뇰은 이 영화의 줄거리에서 영감을 얻어 1963년 〈장 드 플로트〉와 〈마농의 샘〉으로 이루어진 2부작 소설 《언덕의 물》을 발표하기도 했다. 그는 이 마을의 묘지에 어머니, 아내, 딸과 함께 묻혀 있다. 그의 묘비에는 이렇게 쓰여 있다.

"그는 샘과 친구들, 아내를 사랑했다."

🧳 라 트레이으는 마르세유 지하철 1호선 라 티몬(La Timone)역에서 12S번 버스를 타면 50분 정도 걸린다.

《몽테크리스토 백작》의 배경 이프성

마르세유 앞바다의 프리울 열도에 속한 이프섬에 있는 이프

이프성 B.P. 70411, 13177 Marseille

성(Château d'If)은 프랑스 왕 프랑수아 1세(1494~1547)의 지시에 따라 건설되었다. 1516년 마르세유를 찾았던 프랑수아 1세는 마르세유 주변의 섬 중에서 가장 작은 이 섬의 전략적 중요성을 알아차렸다. 그는 프랑스 해안을 침략으로부터 방어하고 왕의 갤리선 선단을 보호하며 마르세유를 감시하기 위해 이 섬에 성채를 짓기로 결정했다.

하지만 이프성이 왕의 결정 뒤에 곧바로 건설된 것은 아니었다. 왜냐하면 마르세유 사람들은 자신들을 감시한다고 알려져 있고 왕권을 상징하는 이 성이 건설되는 것을 환영하지 않았기 때문이다.

1531년에 완공된 이프성은 주루와 3개의 탑, 높은 벽, 해자, 도개교 등 중세 시대 성의 특징을 잘 보여준다. 당시만 해도 이 성은 '북지중해에서 가장 아름다운 프랑스 왕국의 창구'로 여겨졌다. 그러나 원래의 군사적 목표에서 서서히 멀어져 금세 감옥이 되었다.

1540년, 첫 번째 죄수들이 섬에 도착했다. 도둑과 강도, 살인자, 마르세유에서 추방당한 자 등 모든 범죄자가 이 감옥에 갇혔다. 죄수들은 그들의 지위에 따라 감방을 배정받았다. 가난한 죄수들은 빛조차 안 들어오는 1층 감방에 수용되었다. 너무나 비위생적이어서 길어봤자 9개월밖에 생존할 수 없을 정도였다. 부유한 죄수들은 창문과 벽난로가 있는 더 넓은 감방을 배정받았는데, 그에 대한 대가로 돈을 내야만 했고, 돈을 안 내면 1층 감옥에 갇혀야만 했다.

이프 감옥에는 1720년 마르세유에 페스트를 퍼트린 장 바티스트 샤토나 미라보 백작, 사드 후작, 그리고 우리가 잘 아는 몽테크리스토 백작처럼 유명한 사람들이 갇혀 있었다. 알렉상드르 뒤마의 히트작《몽테크리스토 백작》에서 에드몽 당테스는 파리아 신부와 함께 이프 감옥에 투옥된다. 하지만 그는 이 감옥에서 탈출하는 데 성공한다.

어린 시절 나는《몽테크리스토 백작》을 읽으며 당테스가 친구들로부터 터무니없는 모함을 받아 체포되자 분노했고, 이프섬 주변의 바닷속에 내던져지자 가슴을 졸였으며, 이탈리아 선박에 의해 구조되자 안도의 한숨을 내쉬었고, 그가 보물을 발견했을 때는 나도 모르게 환호성을 내질렀다. 노트르담들라가르드 성당에서 저 멀리 이프섬을 내려다보고 있노라면 그때의 기억이 아스라이 떠오른다.

당테스는 숨이 막힐 정도로 멍한 상태였지만 겨우 정신을 차려 숨을 참았다. 모든 상황에 대비하고 있으므로 그는 오른손으로 칼을 꽉 쥐고 재빨리 부대를 찢은 다음, 팔에 이어 머리를 빼내고 발에 매달려 있는 무거운 공을 들어 올리려 했다. 하지만 몸이 계속해서 끌려가는 듯 느껴졌다. 그는 몸을 웅크리고 다리를 묶은 끈을 찾다가 숨이 막히려는 순간, 있는 힘을 다해 그걸 잘랐다. 그리고 힘차게 발길질을 하면서 수면 위로 떠올랐다. 공은 하마터면 그의 수의가 될 뻔한 그 거친 천을 매단 채 바닷속 깊은 곳으로 가라앉아 버렸다.

당테스는 숨을 한번 들이마신 다음, 다시 바닷물 속으로 들어갔다. 절대 사람들 눈에 띄어서는 안 되었기 때문이었다. 다시 수면 위로 떠올랐을 때 그는 처음 떨어졌던 곳에서 최소한 쉰 걸음은 떨어진 곳에 와 있었다. 그의 머리 위로 폭풍이 불려는 듯 검은 하늘이 보였고, 별 하나가 반짝이는 그 푸른 하늘에서 바람이 구름을 몇 조각 빠르게 몰고 가고 있었다.

그리고 당테스는 파리아 신부가 장소를 알려준 몽테크리스토섬에 감추어져 있던 보물을 찾아내 복수를 시작한다. 세월이 지나면서 이프 감옥은 계속해서 신교도들(낭트 칙령이 폐지

된 이후에)과 혁명가들, 권력에 맞선 사람들을 맞아들였다.

지금도 감방 벽에는 죄수들이 남긴 낙서가 남아있다. 1914년 마지막 죄수가 이 프성을 떠났다. 그리고 제2차 세계대전 중에는 독일군이 이 섬을 점령했다.

르 코르뷔지에의 행복주택단지

제2차 세계대전이 끝나자 마르세유는 부족한 주택 문제를 신속하게 해결해야만 했다. 그러자 현대건축의 창시자로 손꼽히는 건축가 르 코르뷔지에는 그의 건축 원칙(1. 필로티 2. 옥상정원 3. 가로로 긴 창 4. 자유로운 평면 5. 자유로운 파사드)을 적용하여 '수직 마을'이라는 새로운 형태의 공동주택단지(Unité d'habitation)를 건설하였다.

키가 1m 83cm이고 팔을 올리면 2m 26cm인 인체에 근거하여 아름다운 균형을 이룰 수 있도록 해주는 조정 시스템인 모뒬로르 원칙에 따라 건축된 이 건물은 공간을 잡아먹는 수평 형태가 아니라 수직으로 지어졌다.

행복주택단지 280 Bd Michelet, 13008 Marseille

　　콘크리트 말뚝 위에 놓인 이 공동주택은 테라스가 있고 긴 유리창이 나 있으며 2채씩 붙어 있고 내부 통행로로 연결되는 337채의 복층 아파트로 이루어져 있다. 이 아파트는 미국식 부엌과 분쇄식 싱크대, 전자레인지, 빨아올리는 연도(煙道), 요리를 내보내는 창구, 쓰레기 투입구 등을 갖추고 있어서 그 당시로서는 가히 혁신적이었다. 게다가 지붕에는 수영장과 예배당(나중에 운동 시설로 바뀌었다), 유치원까지 있었다. 또한 건물 내부에 슈퍼마켓과 상업 시설, 영화관까지 갖추었다. 한 건물 안에서 거의 모든 걸 해결할 수 있는 구조다.

하지만 이런 형태의 주거용 건물에 익숙하지 않았던 마르세유 시민들은 처음에는 이 건물을 못마땅한 시선으로 바라보며 '파다의 집'이라고 불렀다. '파다'란 머리가 좀 돌거나 모자라는 사람이라는 뜻이다.

이 주택단지는 지은 지 70년이 넘었지만 지금도 여전히 정상적으로 기능하고 있다. 단지가 건축될 당시만 해도 이 동네는 도심에서 멀리 떨어진 외곽이었으나 지금은 지하철이 들어서서 쉽게 접근할 수 있다.

이곳에 사는 주민들은 상업 시설을 이용하고 아이들을 학교에 보낸다. 매우 넓은 지붕 겸 테라스에서는 정기적으로 문화 행사가 열린다. 요컨대 모든 세대가 함께 어울려 살아가는 공동체가 된 것이다. 그래서 이 공동주택은 '행복주택단지'라는 이름으로도 불린다.

이 건축물은 2016년에 유네스코 세계문화유산(사람이 살고 있는)으로 지정되었다. 매년 전 세계 6만 명 이상의 방문객이 이곳을 찾는다.

부야베스

부야베스(Bouillabaisse)는 마르세유를 중심으로 한 프랑스 지중해의 대표적인 생선 요리다. 우리 식으로 생각하면 생선찌개를 떠올리면 될 듯하다(물론 생선 수프가 있기는 하나 생선 종류가 차이 난다). 여러 가지 요리법이 있으나 몇 가지 기본 원칙이 있다.

우선 생선의 신선도를 절대 엄수해야 한다. 생선의 다양한 종류와 질 역시 반드시 보장되어야 한다. 또한 손님이 주문하고 난 뒤에 신선한 생선으로 요리를 시작해야 한다. 부야베스의 색과 향을 살려주는 향료 사프란은 이물질이 전혀 섞이지 않은 진짜를 사용해야 한다. 파프리카나 기타 프로방스 지역 향료를 써서는 안 된다. 마지막으로 생선은 반드시 손님 앞에서 잘라야 한다.

원래 부야베스는 어부들이 팔고 남거나 상품 가치가 없는 각종 생선을 바닷물에 회향, 토마토 등을 넣고 뭉근한 불에 오랫동안 끓여 먹던 음식이었다. 그러나 지금은 요리법이 다양해져 바닷물에 끓이는 대신 암초에서 사는 작은 생선들을 토마토와 양파, 마늘, 회향, 사프란과 함께 끓여 체로 받친다. 부야베스에 들어가는 생선은 날개횟대, 붕장어, 아구, 성대, 생태, 농어, 생피에르, 쏨뱅이 등이다. 식당에 따라서는 투구게와 랍스터를 첨가하기도 한다.

생트로페

마르세유 생샤를(Saint-Charles)역에서 기차를 타고 툴롱(Toulon)까지 갔다. 툴롱 기차역 바로 옆에 있는 버스 정류장에서 버스를 타고 2시간 걸리는 생트로페(Saint-Tropez)까지 가기 위해서였다.

출발 시간이 아직 많이 남아 있었으므로 근처 카페에 앉아 빅토르 위고의《레미제라블》을 펼쳐 들었다. 이 작품에서 툴롱은 주인공 장 발장이 빵 한 조각을 훔쳤다는 죄로 5년 형을 선고받고 복역했던 악명 높은 감옥이 있었던 곳이다. 그는 24601이라는 죄수 번호를 달고 복역하다가 다시 네 번이나 탈옥에 실패하면서 형기가 늘어나 무려 19년이나 이 감옥에 갇혀 있었다. 굶주린 조카들을 위해 빵 한 조각을 훔친 사람에게 5년 형을 선고하는 것이 과연 정의롭고 공정한 법 집행이었을까? 우리 사회에서는 지금도 여전히 유전은 무죄이고 무전은 유죄일까?

툴롱을 떠난 버스는 지중해에 면한 휴양도시 예르(Hyères)와 라 롱드레모르(La Londe-les-Maures), 르 라방두(Le Lavandou), 라욜카나델쉬르메르(Rayol-Canadel-Sur-Mer), 라 크루아발메르(La Croix-Valmer)를 지나 2시간 만에 생트로페에 도착했다.

생트로페는 지금이야 전 세계 유명 인사와 백만장자들이

생트로페 항구

자가용 비행기를 타고 모여들고 에르메스와 샤넬, 루이비통 등 고급 부티크들이 즐비하지만, 20세기 초만 해도 작고 한 산한 어촌에 불과했다. 그러다 1956년 여기서 촬영된 브리 지트 바르도 주연의 영화 〈신이…여자를 창조하셨다〉가 세 계적으로 흥행하면서 널리 알려지기 시작했다. 이 어촌은 그 뒤로 예예족(춤과 노래로 소일하는 60년대 젊은이)과 누벨바그 예술가들 이 몰려들면서 세계적인 휴양지가 되었다.

내게 생트로페는 무엇보다도 프랑스에 큰 파문을 일으키 며 프랑스 사회를 변화시킨 소설 《슬픔이여, 안녕?》과 영화 〈신이… 여자를 창조하셨다〉의 배경이 된 마을이다.

사회적으로 큰 파장을 몰고온 18세 소녀의 소설

1954년 3월 15일, 프랑수아즈 사강의 소설《슬픔이여, 안녕?》이 출간되었다. 그는 프랑수아즈 크와레라는 본명이 책 표지에 나오는 것을 반대한 아버지 때문에 가명을 쓰게 되었는데, 마침 들고 있던 프루스트의《잃어버린 시간을 찾아서》에서 단 몇 분 만에 사강이라는 성을 찾아냈다.

사강은 대학교 1학년 때 이 작품을 쓰기 시작하여 1953년 여름에 끝냈다. 그리고는 원고를 소설가이자 시나리오 작가인 콜레트 오드리에게 보냈고, 그는 원고를 되돌려 주며 결말 부분을 다시 써서 세 군데 출판사에 보내 보라고 조언했다.

프랑수아즈 사강은 결말 부분을 더 비극적으로 고쳐서 3부를 타자로 친 다음 1부는 쥘리아르 출판사에, 또 1부는 플롱 출판사에 보냈다. 원래는 나머지 1부를 갈리마르 출판사에 보내려고 했으나 이 출판사의 비서가 거부하는 바람에 무산되었다. 다음 해 1월, 반가운 소식이 들려왔다. 쥘리아르 출판사가 그의 첫 작품을 출간하기로 한 것이었다.

18개의 장으로 구성되어 있는《슬픔이여, 안녕?》은 17세 소녀 세실의 이야기다.

세실은 새어머니가 될 수도 있을 엄격하고 도덕적인 안느를 좋아하지 않는다. 그래서 아버지 레이몽을 전 여자친구 엘자와 다시 결합하게 하려고 한다. 엘자는 레이몽의 마음을 사로잡기 위해 세실이 시키는 대로 한다. 레이몽이 자기를 속이고 바람을 피웠다는 사실을 알게 된 안느는 집을 나가 자동차를 타고 파리로 가다가 교통사고를 당해 죽는다. 어쩌면 자살한 것인지도 모른다. 세실은 아버지와 함께 예전의 삶으로 돌아가지만 이 비극적인 죽음을 잊을 수가 없다. 이제 세실에게 남은 것은 오직 '슬픔'이라는 감정뿐이다.

18세 소녀가 쓴 이 소설은 관습의 틀 속에 끼여 옴짝달싹 못 하던 프랑스에 큰 충격을 안겨주었다. 1950년대 많은 젊은 프랑스 여성들은 그들의 본능적인 욕망을 자신의 내부에 억누르고 있었다. 그들에게 《슬픔이여, 안녕?》은 마치 거대한 해일 같았다. 이 소설의 주인공은 상대를 사랑하거나 결혼을 할 거라서가 아니라 그냥 쾌락을 위해서 육체관계를 맺음으로써 본능에 충실한 삶을 산다.

이 작품은 출간되고 나서 몇 달 뒤에 로맹 가리가 《유럽의 교육》으로, 그리고 알베르 카뮈가 《페스트》로 수상했던 '비평가상'을 받았다. 또한 1958년 오토 프레민저 감독은 이 작품을 영화로 만들었다. 영화 마지막 장면에서 세실(진 시버그가 연기했다)은 독백한다. "그래서 난 여기서 기억의 벽에 둘러싸여 있어. 기억을 멈추려고 해보지만 멈출 수가 없어…."

실존주의의 상징 〈신이… 여자를 창조하셨다〉

1956년 11월 28일, 로제 바딤이 연출하고 브리지트 바르도가 주연을 맡은 영화 〈신이… 여자를 창조하셨다〉가 프랑스에서 개봉되었다.

입양아인 쥘리에트는 생트로페 항구에서 뭇 남성들의 애를 태울 만큼 아름답고 관능적이며 도발적이다. 자유를 갈구하지만 한편으로는 자신의 미래를 불안해하고 있다. 그는 작은 선박 수선소를 운영하는 앙투안을 사랑한다. 하지만 앙투안이 자신을 하룻밤 상대로밖에 여기지 않는다는 사실을 알게 되고 그에게 몸을 허락하지 않는다. 양부모가 다시 고아원으로 보내버리겠다고 위협하자 쥘리에트는 사랑하지 않는 소심한 남자 미셸과 내키지 않는 결혼을 한다.

앙투안은 미셸과 함께 나이트클럽 사장 에릭을 위해 일하기 시작하고, 미셸과 대립한다. 쥘리에트는 미셸이 마르세유에 다니러 간 사이에 몰래 앙투안의 배에 올라탄다. 하지만 배를 출발시키려는 순간 엔진이 과열되어 배에 불이 붙고 앙투안은 바다로 뛰어들어 쥘리에트를 구한다. 그들은 함께 밤을 보내고 연인이 된다.

미셸이 이 사실을 알게 되자 쥘리에트는 도망친다. 미셸은 쥘리에트를 찾아 나서지만 앙투안이 가로막는다. 두 사람은 격렬한 몸싸움을 벌이고, 미셸은 앙투안을 때려눕힌다.

미셸은 에릭의 나이트클럽에서 미친 듯이 차차차 춤을 추고 있는 쥘리에트를 발견한다. 그는 호주머니에서 권총을 꺼낸다. 에릭은 쥘리에트가 미셸을 여전히 사랑하고 있다며 설득하지만 그는 방아쇠를 당기고 그 과정에서 에릭이 가벼운 부상을 입는다. 미셸은 쥘리에트의 뺨을 때린다. 쥘리에트는 아무 말없이 앞으로는 자신의 유일한 남자가 될 미셸의 뒤를 따라간다.

이 영화가 개봉되자 어떤 사람들은 브리지트 바르도에게 열광하며 단숨에 그의 팬이 되었고, 또 어떤 사람들은 분노하며 증오심을 표출했다. 영화에서 여성이 남성의 그것과 똑같은 욕망을 표현하고, 육체를 이용하여 자신의 존재를 드러내며, 결혼한 여성에게 강요된 운명을 거부하고 자유를 쟁취한 것은 그 당시로서는 처음 있는 일이었다. 누드가 등장하는 장면 역시 충격을 주어 일부는 프랑스와 영국에서 검열로 (프랑스에서는 영화 전체 분량의 4분의 1가량이) 잘려 나갔다.

클로드 샤브롤이나 프랑수아 트뤼포, 장 뤼크 고다르 같은 젊은 누벨바그 영화감독들은 이 작품을 호평했지만, 일반 대중은 이 영화가 처음 프랑스에서 상영되었을 때 부정적인 반응을 보였다. 이와 반대로 영국과 독일에서는 열광적으로 환영받았다. 이 두 나라에서 거둔 성공에 힘입어 영화는 프랑스에서 다시 상영되었고 대성공을 거두었다(처음 개봉되었을 때는 입장객 수가 17만 명에 불과했지만 재개봉되자 4백만 명으로 늘어났다). 이는 매우 이례적인 일이었다.

이 영화가 1957년 10월 미국에서 상영되자 가톨릭 교계는 대규모 반대 운동을 벌였다. 미국 제7의 도시 필라델피아에서는 검열관들이 극장에 들이닥쳐서 음란 공연을 금지하는 법을 내세우며 영화 필름을 압수했다. 레이크 플레시드의 대주교는 사람들이 이 영화를 보지 못하도록 입장권을 다 사버렸다. 그럼에도 불구하고 미국에서의 입장객 수는 프랑스의 두 배가 넘는 8백만 명을 기록하였다.

브리지트 바르도는 이 영화로 하나의 전설이 되었다. 그는 1960년대 전 세계를 대표하는 섹스 심볼이었고 언론을 가장 많이 타는 스타였으며, 여성 해방의 아이콘이었다. 천사와 악마의 야누스적인 두 얼굴을 가진 그는 여성성과 성적 자유, 풍속 혁명, 장 폴 사르트르와 시몬 드 보부아르로 대표되는 거대한 실존주의의 흐름을 상징한다.

이 마을은 이제 생트로페가 아니라 생트로(트로는 '너무 많은'이라는 뜻)가 되어버렸을 정도로 늘 관광객들로 넘쳐난다.

1887년에 문을 연 세네키에 카페(Café Sénéquier)는 〈신이… 여자를 창조하셨다〉의 촬영 장소로 수많은 여행자들이 이곳을 찾는다. 이 카페의 빨간색 의자에 앉아 이 집에서 직접 만드는 하얀 누가 과자와 커피를 시켜놓고 지나가는 사람들을 구경하며 느릿느릿 시간을 흘려보내거나 마리나에 즐비하게 늘어서 있는 호화 요트를 보며 감탄사를 연발하는 것도 좋다.

주변의 40여 개가 넘는 해수욕장에서 바닷물에 몸을 담

세네키에 카페 29 Quai Jean Jaurès, 83990 Saint-Tropez

그거나 지중해의 뜨거운 햇살에 몸을 태우는 것도 좋다. 아니면 아침 일찍 에르브 광장에서 열리는 시장에 가서 신선한 채소와 과일, 꽃을 사거나 유명한 생트로페 샌들을 신고 파스티스를 홀짝거리며 리스 광장의 플라타너스 아래에서 페탕크 경기를 하는 유명인들을 구경해도 좋다.

　나처럼 마르세유에서 이른 새벽에 출발하여 기차와 버스를 갈아타며 생트로페까지 오느라 아침과 점심을 건너뛰었다면 이곳의 명물인 생트로페 타르트를 사 들고 허기진 배를 채우며 좁은 골목길 양쪽에 늘어선 쇼핑가를 천천히 걸어도 좋다.

아농시아드 미술관 2 Place Georges Grammont, 83990 Saint-Tropez

아농시아드 미술관

생트로페에는 이 도시가 1890년에서 1950년까지 프로방스에서 이루어진 예술 활동의 중심지였다는 사실을 보여주는 아농시아드 미술관(Musée de l'Annonciade)이 있다. 이 미술관은 1922년 옛 노트르담 드 아농시아드 예배당에 세워졌는데, 건물 외관은 물론 작은 아치형 문이 연이어져 있는 내부도 매우 아름답다.

아농시아드 미술관에는 1892년 이 작은 어촌을 처음 찾았다가 매혹된 폴 시냑을 비롯해서 조르주 쇠라, 에두아르 뷜라르, 앙리 마티스 등 그의 권유로 이곳을 찾아 작품 활동을 했던 나비파와 점묘파, 야수파 화가들의 작품이 전시되어

있다. 오르세 미술관에 가면 폴 시냑이 어촌 생트로페의 고
요함을 분할 화법으로 그려낸 〈생트로페. 붉은색 부표〉를 볼
수 있다.

생트로페 타르트는 설탕을 뿌린 브리오슈 빵을 반으로 자른 다음, 그 사이에 커스터드 크림과 버터크림을 채워 넣은 케이크다. 이 케이크의 레시피를 만든 것은 폴란드 출신의 파티시에 알렉상드르 미카다. 그는 이 케이크를 만들어 〈신이… 여자를 창조하셨다〉 촬영팀에게 제공했고, 브리지트 바르도는 이 케이크에 '생트로페 타르트'라는 이름을 붙이라고 조언했다. 이 타르트는 2018년 김정은과 트럼프가 싱가포르에서 역사적인 정상회담을 할 때 디저트로 제공되기도 했다.

생트로페 타르트

아게

Agay

생트로페에서 동쪽으로 지중해를 따라가는 버스를 타고 1시간 반 걸려 생라파엘(Saint-Raphaël)까지 갔다. 그리고 여기서 다시 아게(Agay)라는 마을까지 가는 버스를 탔다. 버스는 20분도 채 되지 않아 나를 아게에 내려주었다. 여름이 지나서인지 마을은 한산했다.

알베르 코엔이 일흔셋에 쓴《주군의 여인》5부에서 시니컬한 '돈주앙' 소랄과 관능적인 '주군의 여인' 아리안이 오직 둘만의 세계에 틀어박혀 있던 곳. 두 사람은 사랑을 위해 모든 걸 다 버리고 이 마을로 숨어들었지만, 이내 권태와 질투가 그들을 좀먹기 시작한다.

그러나 나는 결국 파국으로 치달을 수밖에 없는 이 파괴적인 사랑을 다시 기억하기 위해서 아게에 온 것이 아니다. 내가 이 작은 마을에 온 것은 지중해의 창공에서 스러져 간 한 영혼을 기리기 위해서다.

생텍쥐페리(1900~1944)는 리옹 출신이지만 이 마을과 인연이 깊다. 그의 누이동생 가브리엘이 1923년 피에르 다게와 결혼을 했고, 그 얼마 전부터 항공 우편 회사에서 일하기 시작한 그는 아게에 있는 동생 부부의 성(18세기에 지어진)을 자주 찾아왔다. 그리고 아게 성당에서 엘살바도르 출신 예술가 콘

수엘로 순신 산도발과 종교 결혼식을 올렸다.

"아게는 심지어 먼지에서조차 향기가 풍기는 천국이다."

이 마을에 매혹된 쌩텍쥐페리는 이렇게 말했다. 그는 1940년 마지막으로 아게에 머무르면서 《성채》를 썼다. 그로부터 몇 년 뒤 그가 미국에 머무는 동안 쓴 《어린 왕자》는 1946년 처음으로 프랑스 서점에서 볼 수 있게 될 것이다.

《어린 왕자》는 〈성경〉 다음으로 가장 많은 언어로 번역되었다. 하지만 생텍쥐페리는 이 작품이 성공을 거두는 걸 보지 못했다. 어린 왕자가 지구별 여행을 끝내고 자기 별로 돌아간 것처럼 생텍쥐페리도 1944년 7월 31일, 저 높은 하늘을 날아 자기 별로 떠났기 때문이다.

아게의 쇼핑센터 정원에는 어린 왕자의 샘이 있고, 이 샘에는 다음과 같은 글귀가 새겨져 있다.

이 그림을 찬찬히 보라. 당신이 아프리카 사막을 여행할 때 이곳이 어디인지 알아볼 수 있게 말이다. 이곳을 지나거든, 별 아래에서 조금만 기다려 주기 바란다. 만일 어떤 아이가 다가와 웃어 준다면, 묻는 말에 대답하지 않는다면, 당신은 그 아이가 누구인지 알게 될 것이다. 그러면 그 아이가 돌아왔다고 즉시 내게 편지해 주기 바란다….

야수파 화가들의 시작점

아게의 풍경은 강렬한 원색으로 구성된다. 하늘과 바다의 파랑, 숲의 초록, 바위산의 빨강. 이 강렬한 원색들은 19세기 말에 후기 인상파 화가들, 특히 야수파 화가들을 매혹시켰다. 1897년, 아르망 귀요맹은 이 마을에 자주 들락거리면서 〈아게의 바위산〉을 그렸다. 1911년 그는 이렇게 쓴다.

> "나는 붉은 바위와 뒤틀린 나무를 그리는 걸 좋아한다. 나는 이미 주홍색과 다른 붉은색 튜브를 다섯 개나 썼다."

반 고흐와 고갱을 숭배했던 루이 방타는 아게의 풍경을 그려 이곳을 야수파 탄생의 핫스팟으로 만든 최초의 화가다. 얼마 지나지 않아 알베르 마르케와 샤를 카무앵도 아게를 찾아와 이곳의 야생적인 붉은 에스트렐 산괴를 강렬한 색깔을 사용해 간략화, 추상화의 기법으로 과감하게 표현했다.

이들은 1905년 파리의 그랑팔레에서 열린 가을 살롱전의 7번 방에 뜻을 같이하는 앙리 마티스, 앙드레 드랭과 함께 작품을 전시했고, '야수파'라고 불리게 되었다.

HAUTES-ALPES

ALPES

VAUCLUSE

ALPES-DE-HAUTE-PROVENCE

ALPES-MARITIMES

BOUCHES-DU-RHONE

VAR

카뉴쉬르메르

인상파의 대가 피에르 오귀스트 르누아르(1841~1919)는 그의 생애 말기 11년을 카뉴쉬르메르(Cagnes-sur-Mer)에 있는 콜레트 저택에서 보냈다(카뉴쉬르메르에서는 1903년부터 살았다). 이 도시의 높은 언덕에 자리 잡은 이 집은 프로방스의 숨은 보물이라고 할 수 있다.

지중해를 따라 뻗어 있는 이 도시의 아랫동네는 주변의 많은 도시들이 그렇듯 1960년대에 전쟁을 피해 식민지 알제리를 빠져나온 프랑스인들을 받아들이기 위해 급히 조성되었다. 이 동네는 경마장과 속보 경기로 널리 알려져 있기는 하지만 특별히 볼만한 것은 없다.

하지만 중세 때 생겼으며 높은 언덕에 걸터앉아 있어 주변 어디서나 보이는 윗동네는 매우 아름답다. 1948년 역사 보존 지역으로 지정된 이 동네에 그 이후 스웨덴 사람들이 몰려들었다. 그들이 오래된 집을 사들여 보수하고 개인 주택이나 호텔로 만드는 바람에 비록 옛 모습이 많이 사라지긴 했지만, 이 동네에는 여전히 성이 있고, 역사가 새겨진 돌이 있고, 포석이 깔린 좁은 골목이 있고, 지중해가 훤히 내려다보이는 전망대가 있어서 고즈넉한 시간을 보내기에 좋다.

르누아르가 마지막까지 그림을 그린 집

지금은 르누아르 미술관(Musée Renoir)으로 바뀐 콜레트 저택은 이 윗동네에 자리 잡고 있다. 기차역에서 르누아르 미술관까지는 30분가량 언덕길을 낑낑거리며 올라가야 한다. 하지만 미술관 정원에 서면 저 멀리 올리브나무 사이로 올려다보이는 그리말디성과 저 아래 내려다보이는 카뉴쉬르메르 마을, 푸르른 지중해 풍경이 땀을 식혀준다.

의사들은 르누아르가 다발성 관절염에 걸려 제대로 움직이지 못하자 최대한 많은 시간을 프로방스에 머무르라고 권유했다. 수틴이나 드랭, 발로탱 등 많은 화가들처럼 르누아르 역시 프로방스의 빛에 매혹되었다.

그는 100년이 넘게 산 올리브나무들로 둘러싸인 콜레트 저택을 지어 생을 다할 때까지 11년 동안 이곳에서 아내 알

르누아르 미술관 19 chemin des Collettes, 06800 Cagnes-sur-Mer

린, 아들 클로드와 함께 살았다. 3ha 넓이의 집은 올리브나무와 자두나무로 둘러싸여 있고, 집 안으로 들어가면 초상화와 누드화, 정물화, 그리고 신화 장면들을 그린 작품 16점과 30여 점의 조각, 그가 사용한 가구와 아틀리에를 볼 수 있다. 이 시기에 그린 작품들의 색채는 눈부시고 현란하다. 터치는 물 흐르듯 유연하고 투명하며, 여성들의 나신은 둥글둥글 풍만하고 관능적이며, 생명력으로 넘친다.

르누아르의 회화적 유언 〈목욕하는 여자들〉

40대에 접어든 르누아르는 경제적으로 매우 궁핍한 데다가 비평가들도 그의 작품에 호의적이지 않았다. 그는 성공을 거두기 위해 인상파전에 더 이상 참여하지 않고 살롱전에 작품을 출품하기로 마음먹는다. 그리하여 〈뱃놀이하는 사람들의 점심〉(1881), 〈도시에서의 춤〉과 〈시골에서의 춤〉(1883)에서는 윤곽선이 강조되고 대비가 이루어지는 등 선의 효과가 분명하게 나타난다.

1881년 가을 르누아르는 로마를 찾는다. 바로 여기서 그의 화가로서의 경력에 결정적인 전환이 이루어진다. 라파엘의 작품(특히 바티칸궁의 라파엘의 방에 그려진 그림들)을 본 그는 자신의 '인상파 시대'를 완전히 끝내고 고전적인 '앵그르 시대'로 접어든다. 이 시대를 대표하는 작품이 바로 〈목욕하는 여인들〉이다.

베르사유궁 정원에 있는 지라르동의 〈님프들의 목욕〉(1672) 청동 부조에서 영감을 얻은 이 작품의 전경에는 벌거벗은 두 여성(두 사람 중 앞에 있는 여성의 모델은 르누아르의 둘째 아들 장 르누아르의

목욕하는 여인들 피에르 오귀스트 르누아르, 1919년, 오르세 미술관

첫 번째 부인이었던 영화배우 카트린 에슬렝이다)이 누워 있고, 후경 오른쪽에는 역시 벌거벗은 3명의 여성이 물속에서 놀고 있다.

르누아르는 올리브나무가 서 있는 이 지중해의 풍경을 콜레트 저택에서 그렸다. 말년에는 그가 선호한 주제 중 하나인 여성의 누드를 집중적으로 그렸는데, 이 작품은 그중 하나다. 그는 여기서 자신이 현재 살고 있는 세계를 상기할 만한 소재를 일체 등장시키지 않고, 시간을 초월하여 영원히 같은 모습으로 존재하는 자연을 찬양한다.

그는 이 작품을 그리며 '땅은 신들의 낙원'이라고 생각했던 이탈리아와 그리스의 고전적 전통을 되살렸다. 이 같은 목가적 관점은 관능적인 모델들과 다양하고 풍성한 배색, 충만한 형태로 표현되었다. 어쩌면 르누아르는 이 작품을 그리면서 말년의 병과 고통을 이겨냈는지도 모른다.

르누아르는 이 작품을 그리고 나서 세상을 떠났다. 〈목욕하는 여자들〉은 르누아르의 회화적 유언이라고 말할 수 있다. 그렇기 때문에 그의 세 아들은 1923년 이 작품을 국가에 기증했다.

페탕크

프랑스식 구슬치기인 페탕크(Pétanque)는 1907년 지중해에 면한 프로방스의 항구도시 라 시오타에서 처음 시작되었다. 라 시오타의 주 프로방살(페탕크의 효시라고 할 수 있는 스포츠로, 선수가 달려가다가 공을 던진다. 페탕크 경기장보다 넓은 곳에서 했다) 챔피언이었던 쥘 위그는 신경통에 걸리는 바람에 더 이상 이 경기를 할 수 없게 되자, 규칙을 조금 바꾸면 계속 경기를 할 수 있겠다고 생각했다. 즉 동그라미를 그리고 5~6m 거리에 표적을 던진 다음 두 발을 동그라미 안에 모은 상태에서 표적에 가장 가깝게 공을 던지는 사람이 이기는 방식이었다. 페탕크가 탄생하는 순간이었다.

그로부터 3년 뒤인 1910년 라 시오타에서 세계 최초로 페탕크 공

페탕크 경기를 하는 사람들

식 경기가 열리면서 '페탕크'라는 단어가 공식화되었다. 이 단어는 '페('발'을 뜻하는 프로방스어)'라는 단어와 '탄카('말뚝'을 뜻하는 프로방스어)'라는 단어가 합쳐진 것이다.

프로방스에 가면 페탕크 경기를 하는 모습을 곳곳에서 볼 수 있다. 규칙도 간단하고 거의 어디서나 할 수 있으며, 특별한 기술이 필요 없고 체력을 크게 소진하지 않기 때문에 누구나 부담 없이 즐길 수 있어서다. 1인조 경기, 2인조 경기, 3인조 경기가 있으며, 1인조와 2인조 경기는 한 사람이 공을 세 개씩, 3인조 경기에서는 한 사람이 공을 두 개씩 던질 수 있다.

페탕크는 프로방스의 스포츠다. 프로방스는 일조량이 많아서 기후가 온화하고 비가 자주 내리지 않기 때문에 이 야외 스포츠를 하기에 매우 적합하다. 태양이 뜨겁게 내리쬐는 오후, 공원이나 광장에서 공을 던지고, 공을 던지는 중간중간 파스티스를 한 모금씩 홀짝이고, 프로방스 억양으로 인생을 논하고, 자기가 던진 공이 표적에 가깝게 붙거나 상대의 공을 맞힐 때마다 기뻐하며 환호하는 것은 전형적인 프로방스 풍경 중 하나다.

나도 프로방스에 살 때 페탕크 경기를 몇 번 해본 적이 있다. 썩 잘하는 편이 아니라서 그랬을지도 모르지만, 나는 그때마다 경기 자체보다는 남녀노소 가리지 않고 모든 사람이 어울리는 그 왁자지껄한 분위기를 더 즐겼다. 여기에 파스티스 한 잔이 곁들여지면 페탕크 경기는 축제가 된다.

앙티브

Antibe

HAUTES-ALPES

ALPES

VAUCLUSE

ALPES-DE-HAUTE-PROVENCE

ALPES-MARITIMES

BOUCHES-DU-RHONE

VAR

앙티브

기차로 갈아타고 칸(Cannes)까지 갔다. 칸에서는 다시 발로리스(Vallauris)까지 가는 버스를 탔다. 프로방스에 있는 피카소 미술관 두 곳 중 한 곳인 국립 피카소 미술관(Musée national Pablo Picasso - La Guerre et la Paix)에 가기 위해서였다.

파블로 피카소(1881~1973)는 1948년에서 1955년까지 발로리스에 머물렀다. 이미 19세기 말부터 도자기 생산지로 널리 알려져 있던 이 도시에서 피카소는 도자기 예술의 세계에 입문하여 4,500점의 도자기 작품을 남겼다. 또한 이곳에 많은 조각 작품과 회화 작품을 남기기도 했는데, 그중 대표작이 바로 〈전쟁과 평화〉다. 한국전쟁이 한창일 때였다.

프랑스 공산당 내 '평화를 위한 운동'이라는 단체(그는 이 단체를 위해 평화의 비둘기를 그렸고, 이 비둘기 그림은 전 세계적으로 유명해진다)에서 투쟁하고 있던 피카소는 그의 현실 참여를 보여주는 거대한 작품을 그리기로 마음먹는다.

발로리스의 도자기 예술가들이 그의 일흔 번째 생일을 맞아 발로리스성의 소 예배당에서 열어준 축하 파티에서 피카소는 예배당 천장을 그림으로 장식하고 싶다는 바람을 피력한다. 그는 버려져 있던 이 오래된 성소를 '평화의 사원'으로 만들고 싶어 했고, 그의 이러한 바람은 실현되었다.

전쟁과 평화 파블로 피카소, 1952년, 국립 피카소 미술관 – Place de la Libération, 06220 Vallauris

〈전쟁과 평화〉는 마주 보고 있으며 둥근 천장의 꼭대기에서 만나는 두 부분으로 이루어져 있다. 왼쪽 그림은 〈전쟁〉이고 오른쪽 그림은 〈평화〉이며, 안쪽에는 반원형 그림이 있다. 어두운 색조의 〈전쟁〉에는 혼란스러운 전투 장면과 이 장면을 지켜보는 평화의 전사가 보인다. 반면 〈평화〉에는 사람들이 평화로운 표정으로 놀이를 하고 있다. 안쪽 그림 〈세계의 네 부분〉에서는 네 사람이 함께 비둘기가 그려진 원반을 들고 있다.

피카소의 아틀리에 그리말디성

피카소 미술관은 발로리스 동쪽의 지중해에 면한 작은 도시 앙티브(Antibe)에도 있다. 1920년대에 앙티브 주변에서 바캉스를 보내곤 했던 피카소는 그리말디성이 매물로 나오자 꼭 사고 싶어 했다. 그러나 앙티브시가 먼저 성을 사들여 예술역사 미술관을 만들면서 그의 바람은 이루어지지 못했다.

이 미술관의 도르 드 라 수세르 관장은 미술관 문을 열자 가장 먼저 시냑과 유트릴로, 보나르 등 코트다쥐르 지역을 자주 찾는 젊은 화가들의 작품을 전시했다. 그러나 도시를 둘러싸고 있는 성채 위에 마치 파수병처럼 바다를 마주 보고 서 있는 이 성의 운명을 바꾸어 놓은 것은 1946년에 이루어진 도르 드 라 수세르와 피카소의 만남이었다.

피카소가 작업할 공간이 필요하다고 말하자 도르 드 라

수세르는 이 세계적인 화가가 작품을 기증해 주기를 바라며 미술관의 맨 위층을 내주었다. 결과는 이 미술관장의 기대를 넘어서게 될 것이다. 피카소는 가을 내내 성을 자신의 아틀리에로 썼다. 겨울이 되자 그는 어쩔 수 없이 큰 사이즈의 작품들을 아틀리에에 남겨두고 성에서 나가야만 했고, 미술관 측은 이 작품들을 다음 해에 일반인들에게 공개했다.

사람들의 생각과는 달리 피카소는 이 장소를 마음에 들어해 그 이후로도 매년 이 성을 찾아와 작업을 했고 데생과 도자기, 회화 작품의 숫자가 점점 늘어나게 되었다. 그리말디성은 피카소와 피카소 미술관을 이어주는 중개자가 된 것이다.

피카소 미술관 Place mariejol, 06600 Antibes

프로방스의 색과 빛에 매료된 니콜라 드 스탈

피카소 미술관에는 러시아 출신으로 제2차 세계대전 이후 유럽의 추상 미술을 대표하는 작가 니콜라 드 스탈(1914~1955)의 작품이 전시되어 있다.

니콜라 드 스탈은 인류의 비극인 제1차 세계대전이 시작된 1914년 차르의 도시 러시아 상트페테르부르크의 고급장교 가문에서 태어났다. 볼셰비키 혁명이 일어나자 그는 어쩔 수 없이 러시아를 떠나야만 했고, 1919년 부모를 잃고 어린 시절을 브뤼셀에서 보호자와 함께 보내게 된다.

그는 미술, 특히 플랑드르 회화에 매료되어 1933년 브뤼셀 미술학교에 입학했고, 이곳에서 추상화를 발견한다. 사회적 리얼리즘으로 회귀하던 이 시대에 추상화는 아직 전위적이었다. 니콜라 드 스탈은 위대한 현대 화가들, 특히 세잔과 브라크에게 열광했다. 제2차 세계대전이 일어날 때까지 그는 모로코와 이탈리아를 여행하고, 역시 화가인 연인 잔닌 귀유와 함께 파리에 정착했다. 그는 열정적으로 작품 활동을 했으며, 빈번하게 자신의 작품을 파괴하곤 했다.

외인부대에 들어갔다가 잠시 동원되기도 했던 니콜라 드 스탈은 1940년부터 다시 그림을 그리기 시작한다. 그리고 이미 병세가 심각했던 잔닌과 함께 니스에 정착한다. 장 아르프와 들로네 같은 화가와 교유하면서부터 그는 더 추상적인 그림을 그리기 시작한다. 두 사람 사이에서 딸과 아들이 태어나지만, 그들의 삶은 점점 더 힘들어진다.

프랑스가 독일에 점령당한 이후로 그의 개성은 한층 더 강해진다. 회색 단색화, 간결한 화풍, 매우 두터운 물감층…. 그는 동시대 화가 중에서 단연 눈에 띄었다. 잔닌은 결국 병을 이겨내지 못하고 세상을 떠났다.

천성적으로 자유로운 니콜라 드 스탈은 살롱전에 참여하지 않았다. 사교적이지 않았던 성격 탓에 친구는 그의 그림을 좋아하는 브라크를 제외하고는 거의 없었다. 그는 작품을 직접 팔기 시작하고, 비평가들도 개성이 강한 이 화가에게 관심을 가진다. 1948년 프랑스에 귀화한 후, 그의 작품 세계는 밝아진다. 힘든 시절을 보내고 마음의 안정을 찾은 그는 다시 태어난 듯 빛 속으로 들어간다.

1959년대 들어 니콜라 드 스탈은 먹 같은 새로운 기법들을 탐색한다. 그의 작품이 인기를 끌고, 미국 수집가들이 그것을 사들인다. 이 다작의 시기에 그는 특히 〈축구선수들〉 연작을 그리는데, 이것은 비구상적 특성을 유지하면서 구상과 관계를 맺는 작품들이다.

생애 말기 프로방스의 색과 빛에 매료된 그는 이곳에 정착하여 빛과 하늘, 바다를 밝고 강렬하고 선명한 색으로 그려냈다. 서정적 추상으로 요약되는 그의 작품 중 가장 눈에 띄는 그림은 죽기 직전 3일 동안 그리다 만 〈콘서트〉다.

'추상이자 구상'인 이 작품의 전경 왼쪽에는 직사각형의 검은색 피아노가 있다. 오케스트라의 분홍색, 흰색, 회색 악

콘서트 니콜라 드 스탈, 1955년, 피카소 미술관

보와 보면대가 흰색과 검은색 건반과 뒤섞여 있다. 그리고 오른쪽에는 스트링이 없는 배 모양의 황토색 더블베이스가 있다. 더블베이스의 지판 윗부분은 그림 맨 윗부분까지 올라와 있다.

이 작품이 걸려 있는 전시실의 창문 너머 멀리 포르 카레 (Fort Carré) 성채가 보인다. 이 성채에서 정기적으로 재즈 공연을 하곤 했던 키스 자렛과 게리 피콕이 금방이라도 저 그림 속의 피아노와 더블베이스를 연주할 것만 같다. 이래서 예술은 영원하다고 말하는 것일까.

피카소 미술관을 나와 앙티브 기차역으로 이어지는 해변 길을 따라 200m쯤 걸어가다 보면 초록색으로 칠해진 문이 있는 3층짜리 건물이 나타난다. 이 건물에는 이런 현판이 붙어 있다.

니콜라 드 스탈이 생을 마친 집

"화가 니콜라 드 스탈(1914~1955)이 이 집에서 살다가 1955년 3월
16일 죽었다."

더 정확하게 얘기하자면, 마흔하나에 그는 살던 집 베란
다에서 허공으로 몸을 던졌다.

진정한 자유인 그리스인 조르바를 떠올리며

피카소 미술관에서 남쪽으로 350m가량 떨어진 사프라니에
르(Safranier) 동네에 가면 사프라니에르 광장이 있고, 이 광장
주변에 《그리스인 조르바》와 《그리스도의 마지막 유혹》을
쓴 그리스 작가 니코스 카잔차키스(1883~1957)가 살던 2층짜리
집(8, de la rue du Bas-Castelet, 06600 Antibes)이 있다. 그는 유럽의 여러

도시를 떠돌아다니다가 1954년 마지막으로 이 집에 자리를 잡고 아내 엘레나와 함께 살다가 1957년 세상을 떠났다.

그는 '누에고치'라고 불렸던 이 집에서 자서전인《그레코에게 보내는 편지》를 썼고《오디세이》를 번역했다. 광장에서는 그가 앉아 깊은 명상에 잠기곤 했던 돌의자를 볼 수 있고, 이 의자 위에 붙어 있는 현판에는 이런 말과 함께 그의 묘비명이 쓰여 있다.

"난 아무것도 두려워하지 않는다. 난 아무것도 바라지 않는다. 난 자유롭다."

니코스 카잔차키스는 내게 특별한 작가다. 젊었을 때《그리스인 조르바》를 읽고 크레타섬을 찾아간 적도 있고, 이 걸작을 번역해서 세상에 내놓은 적도 있다. 그 많던 관광객들이 썰물처럼 빠져나가고 나자 나는 바닷가에 앉아 바다를 바라보며 '진정한 자유인'이었던 조르바를 생각한다.

고요하고 쓸쓸하다. 바닷가에는 마치 사막처럼 고운 모래알이 끝없이 펼쳐져 있다. 대기는 분홍색과 푸른색, 노란색으로 부드럽게 진동한다. 그리고 관자놀이는 긴장을 푼 듯 늘어져 헐거워지며, 영혼은 소리를 내지르더니 그 누구도 고함으로 화답하지 않는다며 미칠 듯 좋아한다. 적막함… 적막함… 내 눈에 눈물 한 방울 고인다.*

**카잔차키스의
명상의 의자**

7월에 앙티브에 갈 기회가 있다면, 주앙레펭의 바다가 보이는
솔밭에서 열리는 앙티브-주앙레펭 재즈 페스티벌을 관람하
기를 바란다. 1960년에 시작된 이 재즈 페스티벌은 니스 재즈
페스티벌과 쌍벽을 이룬다. 그동안 찰스 밍거스와 레이 찰스,
마일즈 데이비스, 엘라 피츠제럴드, 콜트레인, 페트루치아니,
메코이 타이너, 칙 코리아, 키스 자렛, 스탠리 클라크, 미로슬
라프 비토쉬, 카를로스 산타나, 제시 노먼, 디지 길레스피, 스
탄 게츠, 소니 롤린스 같은 재즈계의 스타들이 공연했다.

---

* 니코스 카잔차키스, 《그리스인 조르바》 중에서

니스

Nice

마티스와 샤갈이 사랑한 예술의 도시

화창한 해안을 따라 춤추는 바다

은빛으로 반짝이더니

비가 내리니 색이

가지가지로 변하네

여름 하늘 아래의 바다

하얀 양들과

너무나 순결한 천사들을 뒤섞자

끝없이 펼쳐진 쪽빛으로 변하네

보세요 호수 근처의

물에 잠긴 저 큰 갈대를

보세요 저 하얀 새들과

녹슨 집들을

바다가 화창한 해안을 따라

사랑의 노래로 그것들을 달래주었어요

바다가 사랑의 노래로

삶에 대한 내 마음을 달래주었어요*

니스(Nice)는 아름답기도 하지만 기후도 매우 온화해서 살기 좋은 도시다. 이 도시에서는 겨울에도 천사의 만을 따라 이어져 있는 영국인들의 산책길(이 길 이름은 옛날 니스에 살았던 부자 영국인들에게서 따왔다) 카페 테라스에 앉아 하염없이 지중해를 바라보며 생각에 잠길 수 있다.

니스는 매우 오래된 도시다. 기원전 6세기에 세워진 그리스인들의 니카이아와 기원전 100년경 로마인들이 세운 세메넬룸이 합쳐져 생겨났다. 중세 때 니스 주민들은 안전을 위해 지금은 공원이 된 산 위의 성에 모여 살다가 14세기부터는 지금 옛 니스(Vieux-Nice)라고 불리는 성 아래쪽에 자리 잡았다.

옛 니스의 모습을 간직한 살르야 광장

"모든 길은 로마로 통하지만, 옛 니스에서는 모든 길이 살르야 광장(Cours Saleya)으로 통한다. 왜냐하면 니스의 맥박이 뛰는 것을 바로 이 광장에서 느낄 수 있기 때문이다."

니스 출신 작가 루이 뉘세라는 이렇게 말했다. 그리고 이 광장에서 니스의 맥박이 멈추지 않고 계속 뛰게 하는 것은 바로 여기서 매일 열리는(월요일은 제외) 꽃 시장이다. 1897년 처

---

* 샤를 트레네, 〈바다〉(1938) 중에서

살르야 광장 06300 Nice

음 열린 이 꽃 시장은 원래 세계 최초의 꽃 도매시장이었다. 지금은 꽃 도매시장이 니스 서쪽의 생토귀르탱 동네로 이전하고 광장에는 꽃을 소매하는 가게만 30여 군데 남아 있다.

동이 트자마자 살르야 광장은 울긋불긋 환해진다. 미모사와 제라늄, 달리아, 극락조꽃 등 프로방스 곳곳에서 피어나는 꽃들이 꽃집마다 진열되기 때문이다. 이 긴 장방형의 광장에는 화요일에서 토요일까지 열리는 꽃 시장 외에도 농민들이 직접 키운 채소나 과일을 파는 가게도 있다. 라벤더나 비누 같은 프로방스 특산품이나 니스의 전통음식을 살 수도 있다.

꽃 시장과 붙어 있는 옛 니스를 천천히 걷노라면 좁은 골목길 양쪽에 서 있는 황토색과 노란색, 붉은색의 알록달록한 집들을 보며 감탄할 수밖에 없다. 특히 여기서 많이 볼 수 있는 바로크 양식의 건물들은 니스가 이탈리아 땅이었을 때의 과거를 상기시킨다.

17세기에 니스는 바로크 예술이라고 명명된 새로운 예술 운동을 이탈리아에서 받아들인다. 이렇게 해서 니스는 프로방스에 박혀 있던 뿌리에서 뽑혀 나와 새로운 건축학적, 미학적 시대로 들어선다. 바로크 예술은 현실을 재현하려고 애쓰는 것이 아니라 그것을 보는 사람의 감정을 고양하려고 애쓴다. 그래서 이 예술은 과장되고 화려하고 장엄하고 역동적이다. 환상적이고 장식적이다.

바로크 예술로 탄생한 생트레파라트 성당

1650년에 건립된 생트레파라트 성당(Cathédrale Sainte-Réparate de Nice)도 이 예술운동의 결과로 세워진 많은 성당 건물과 마찬가지로 로마의 성베드로 성당에서 영감을 받았다. 중앙홀이 3개 있는 바실리카 회당식의 건물 양식과 가로 회랑의 교차부 위에 솟아오른 원기둥형 기초의 둥근 지붕은 이 건축 양식의 특성을 잘 보여준다. 10개 이상의 예배당이 있는 성당 내부는 매우 화려하다. 이 예배당들은 한때 이 지역에 사는 부유한 가문의 소유였다. 반원형 궁륭의 아치 부분은 아기 천사상으로 장식되어 있으며, 가로 회당을 내려다보는 둥근

샌트레파라트 성당
3, place Rossetti
06300 Nice

지붕에서는 빛이 눈부시게 쏟아져 내린다.

이 성당에서 멀지 않은 곳에 있는 예수회 성당(1612년에서 1642년 사이에 건축)과 라카리스 저택(Palais Lascaris), 가리발디 광장도 바로크 양식으로 건축되었다.

니스는 또한 예술과 문화의 도시이다. 이 도시에서는 프랑스에서 규모가 가장 크고 세계적으로 유명한 니스 카니발

라카리스 저택 15 Rue Droite, 06300 Nice
17세기에 귀족 건물로 건축되었으나 현재는 박물관으로 사용된다.

이 매년 2월에 2주일 동안 열린다. 리우 카니발과 베네치아 카니발에 이어 전 세계에서 세 번째로 규모가 큰 니스 카니발에는 수십만 명의 관람객이 모여든다. 이 카니발은 '카니발의 왕' 인물상을 선두로 20개의 대형 인물상이 길거리를 행진하는 '카니발 퍼레이드' 행사와 화려한 복장의 여성들이 갖가지 꽃으로 장식한 마차를 타고 가면서 구경꾼들에게 꽃을 던져주는 '꽃의 전쟁' 행사, 니스에 사는 여성 중 한 명을 선출하는 '카니발의 여왕' 행사, 여러 종류의 색종이를 뿌리는 '색종이 뿌리기' 행사로 이루어진다.

그뿐만 아니라 여름에는 마세나 광장 인근에서 니스 재즈 페스티벌이 열린다. 세계적인 명성을 누리는 재즈 페스티벌 중 하나로 1948년에 시작되어 2023년에 75회를 맞이하는 이 행사에는 그동안 레이디 블랙버드와 에밀리 파리지앵, 커티스 하딩, 이브라힘 말루프, 나윤선 등의 뮤지션이 초대되어 공연했다.

파리 다음으로 미술관이 많은 니스

니스에는 샤갈 미술관과 마티스 미술관 외에도 현대 미술관, 팔레 라스카리, 마세나 빌라, 보자르 미술관, 아나톨 자코브스키나이브 아트 미술관, 샤를 네그르 사진미술관, 시미에 고고학 박물관 등 파리 다음으로 많은 미술관이 있다.

　시미에 지구는 니스 북쪽의 고급 주택지다. 여기에는 니스를 찾는 관광객들이 가장 많이 방문하는 샤갈 미술관과 마티스 미술관이 있다. 니스 기차역에서 30분만 북쪽으로 걸어올라가면 넓은 올리브밭이 나타나고, 주변에 로마 시대 원형 경기장과 시미에 수도원, 고고학 박물관, 지금은 주거용 건물로 바뀐 엑셀시오르 레지나 팰리스 호텔과 마티스 박물관이 있다. 그리고 여기서 15분가량 천천히 내려오면 샤갈 미술관을 볼 수 있다.

작품 전체를 기증하여 건립된 마티스 미술관

앙리 마티스(1869~1954)는 1917년 처음으로 니스에 왔다. 프로방스의 맑고 투명한 빛에 매료된 그는 니스에서 여기저기 옮

앙리 마티스의 무덤 Place Jean–Paul Ⅱ Pape, 06000 Nice

겨 다니며 살다가 결정적으로 시미에 언덕에 자리를 잡았다. 그는 지금 시미에 수도원(Monastère de Cimiez) 공원묘지의 수수 한 무덤 속에 잠들어 있다.

그는 1954년 세상을 떠나기 직전에 자신의 작품 전부를 니스시에 유증했다. 니스시는 17세기에 건축된 아렌느 빌라를 마티스 미술관(Musée Matisse Nice)으로 만들고 마티스가 유증한 작품들을 중심으로 전시 목록을 구성하였다. 관람객은 회화 작품뿐만 아니라 데생과 판화, 조각 작품을 통해서도 그의 예술 세계를 이해할 수 있다.

이 작품 중에는 〈노란색 책상에서 책을 읽는 여인〉(1944)이라든가 〈로카이유 양식의 안락의자〉(1946), 〈석류가 있는 정

마티스 미술관 164, Av. des Arènes de Cimiez, 06000 Nice

물〉(1947), 〈푸른 누드 IV〉(1952) 같은 걸작이 포함되어 있다.

　마티스는 1941년 결장암 수술을 받고 6개월밖에 살지 못할 것이라는 진단을 받았다. 그는 구속복을 입고 침대에 누워 지내야 했다. 그 바람에 더 이상 그림을 그릴 수 없게 되었지만, 예술에 대한 열정은 결코 식지 않았다. 13년 동안 이어지게 될 쿠파주(나무나 금속, 유리 표면에 그림을 오려 붙여서 그림을 그린 것처럼 보이게 만드는 기법)와 과슈화의 시대가 시작된 것이다. 이 색종이 작업은 그가 평생 추구해온 '형태의 단순함과 색채의 강렬함'이라는 미학의 완성판이라 할 수 있다.

　1952년 레지나 아틀리에에서 그린 〈푸른 누드 IV〉는 '푸른 누드' 시리즈 네 작품 중 하나다. 그런데 〈푸른 누드 I〉과

푸른 누드 IV 앙리 마티스, 1952년, 마티스 미술관

〈푸른 누드 II〉, 〈푸른 누드 III〉은 단 한 번의 가위질로 완성된 반면 〈푸른 누드 IV〉는 시간을 두고 그려졌다. 그래서 이 작품에는 연필 자국과 과슈 조각들을 맞춘 흔적들이 남아 있다.

과슈 조각의 강렬한 푸른색은 바다의 색을 표현하는 것이 아니다. 이 독특한 푸른색은 마치 어떤 사람이 징소리가 들리면 하던 일을 중단하고 주의를 기울이는 것처럼 관람객이 새로운 미학적 관점으로 이 작품을 바라볼 수 있게 해준다. 이 작품에서 푸른색 단일 색조는 흰 공백에 의해 분리되고, 이 같은 분리에 의해 모델의 포즈는 한층 더 강조된다.

샤갈의 성서 이야기 미술관

마르크 샤갈(1887~1985)의 삶을 셋으로 나눈다면, 1948년에서 그가 세상을 떠난 1985년까지 마지막 세 번째 기간은 흔히 '지중해 시대'로 불린다.

1950년 샤갈은 방스에 있는 라 콜린 별장에 자리 잡는다. 이 시기에 접어들면서 그는 공식적으로 인정받게 된다. 전시회와 회고전이 점점 더 자주 열렸으며 주문도 밀려들었다. 아라공의 시집과 《오디세이》에 삽화를 그렸고, 니스 대학 건물을 모자이크로 꾸몄으며, 이스라엘 국회에 걸릴 장식 융단을 만들었다. 또한 런던의 워터게이트 극장과 프랑크푸르트 극장, 뉴욕의 메트로폴리탄 오페라 극장, 파리의 오페라 극

장 천장을 장식했으며, 사르트르와 랭스, 메츠, 예루살렘 등
지에서 새로운 형태의 스테인드글라스 작업을 했다.

　이 기간에 샤갈은 '성서 연작'을 그리겠다는 계획을 구
체화한다. 이 주제는 이미 오래전부터 그의 작품 세계에 자
리 잡고 있었다. 1930년과 1931년 팔레스타인을 여행할 당
시 볼라르가 주문한 삽화를 준비하기 위해 그린 불투명 수채
화들은 〈성서 이야기〉의 초벌 그림으로 쓰이게 된다. 〈다윗
왕과 율법 판을 받는 모세〉, 〈홍해 횡단〉, 〈율법 판을 깨는 모
세〉는 1950년과 1952년 사이에 그릴 연작을 예고하는 최초
의 작품들이라 할 수 있다. 그는 10년이 넘도록 끈질기게 작
업을 하면서 이 계획을 진행했다.

　잉크와 불투명 수채물감, 특히 파스텔을 사용한 데생은
서술 주제를 천지창조와 모세 5경, 아가에서 빌어온 이 작품
이 서서히 완성되어 가고 있음을 증명해 준다.

성서 이야기 미술관 3, Av. Dr Ménard, 06000 Nice

생폴드방스에 있는 샤갈의 무덤 Chem. de Nice, 06570 Saint-Paul-de-Vence

드디어 1973년, 성서 이야기 미술관(Musée National Marc Chagall)이 니스에서 문을 열었다. 올리브나무들 사이에 자리 잡은 이 미술관에 전시되어 있는 샤갈의 작품 17점은 〈인간의 창조〉에서부터 〈홍해 횡단〉에 이르는 선민의 영웅적 행위를 이야기하고, 〈아가〉가 이 서사시를 완성한다.

이 연작을 보면 샤갈이 항상 종교적 영감을 느끼고 있었을 뿐만 아니라 중세의 위대한 작품군(群)을 연상시키는 벽화의 차원을 이 작품에 부여하는 재능까지 갖추고 있었음을 알 수 있다. 프랑스에 기부된 이 연작은 샤갈의 영적이며 예술적인 유언이라 할 수 있다.

그는 1985년 생폴드방스에서 세상을 떠났다.

〈인간의 창조〉

천사가 잠이 든 인간을 안고 신성한 색깔인 황금색으로 칠한 하늘에서 파란색으로 칠한 땅으로 내려오고 있다. 하지만 뱀의 유혹은 벌써 그림 아래쪽 오른편에 예고되어 있다. 샤갈은 그림 위쪽 왼편에 하나님이 닷새째 되는 날 창조하신 동물들을 그려 넣었다. 그림 윗부분에서는 태양이 빙빙 돌아가면서 십자가를 맨 그리스도와 다윗과 에레미아, 아론 등 성경에서 박해받는 인물들을 휩쓸어간다. 태양은 고통받는 인류의 상징이라 할 수 있을 것이다.

〈아브라함과 세 천사〉

이 그림은 두 부분으로 나누어져 있다. 화면 대부분을 차지하고 있는 첫 번째 부분에서는 아브라함과 사라가 천막 앞의 식탁에 앉아 있는 세 천사에게 음식을 대접하고 있다. 맨 오른쪽의 푸른색 옷을 입은 천사(금빛 날개를 가졌으며, 머리는 금빛 후광으로 둘러싸여 있다)가 아브라함에게 사라가 아이를 갖게 될 것이라고 말한다. 그가 낯선 이들에게 베푼 친절이 아기의 탄생이라는 선물로 보답받는 것이다. 사라의 발밑에는 생식을 상징하는 과일이 가득 담긴 바구니와 생명의 나무가 있다. 또 하나는 오른쪽 윗부분 동그란 테 안의 장면이다. 아브라함에게 식사를 대접받았던 하얀 날개의 두 천사가 롯에게 소돔이 멸망할 것이라고 알려준다.

아브라함과 세 천사 마르크 샤갈, 1960~1966년, 성서 이야기 미술관

〈야곱의 꿈〉

이 작품은 명확하게 구분된 두 장면으로 이루어져 있다. 왼쪽 장면에서는 야곱의 꿈을 쉽게 알아볼 수 있지만, 오른쪽 장면은 훨씬 더 불가사의하고 이해하기 힘들다.

왼쪽 부분은 밤이며 야곱은 붉은색으로, 천사들은 노란색으로 칠해진 것 말고는 온통 자주색으로 칠해져 있다. 야곱은 도망치다가 잠이 들었는데, 누워서 자는 것이 아니라 서서 자고 있다. 그는 이런 자세로 꿈에서 천사들이 하늘과 땅을 이어주는 사다리를 오르락내리락하는 것을 본다. 그런데 야곱은 한쪽 눈은 뜨고 한쪽 눈은 감고 있다. 그는 지금 눈에 안 보이는 분을 마음속에서 만나고 있다.

"야곱이 잠이 깨어 가로되 여호와께서 과연 여기 계시거늘 내가 알지 못하였도다."(창세기, 28장 16절)

오른쪽 장면을 보면, 키가 매우 크고 날개가 4개 달린 제2위 천사가 신의 임재를 상징하는 메노라, 즉 가지가 7개 달려 있으며 불이 환히 켜진 촛대를 들고 있다. 어둠을 밝히는 이 눈부신 빛은 신의 말씀이 전해질 것이라는 희망을 불러일으킨다.

샤갈은 야곱의 꿈을 맨 오른쪽에 있는 2개의 다른 그림과 대화하도록 배치한다. 아래쪽에는 이삭의 희생을 그린 그림이 있고, 위쪽에는 십자가에서 희생당한 예수가 있다. 천사의 오른쪽 날개와 평행하게 놓여 있는 예수의 십자가 위에는 사다리가 놓여 있다. 샤갈은 거의 항상 사다리를 십자가와, 십자가를 야곱의 꿈과 연관시킨다. 이 같은 연관성은 십자가를 통해 하늘과 땅을 연결하는 그리스도의 말씀을 환기한다.

"또 이르시되 진실로 진실로 너희에게 이르노니 하늘이 열리고 하나님의 사자들이 인자 위에 오르락내리락하는 것을 보리라 하시니라."(요한복음, 1장 51절)

땅에서 하늘로 올라가는 사다리는 우주를 빛으로 밝히는 그리스도의 십자가다.

독립 국가였던 과거에 자부심이 있는 니스 사람들은 그들 고유의 언어(니사르어)뿐만 아니라 전통음식도 가지고 있다. 소카(Socca)는 병아리콩을 간 가루에 올리브유를 섞어서 장작 화덕에 노릇노릇하게 구워서 주걱으로 잘라 먹는 음식이다.

빵 반죽 위에 양파와 멸치, 올리브를 올려 화덕에 구워 먹는 또 다른 니스의 전통음식 피살라디에르(Pissaladière)처럼 소카도 화덕에서 나오자마자 바로 먹어야 겉은 바삭하고 속은 부드럽다. 식으면 딱딱하게 굳어서 맛이 없다.

'가난한 자들의 음식'이라고 불리는 빵바냐(Pan Bagnat)는 빵 사이에 신선한 채소와 카이에트라고 불리는 작고 검은 올리브를 끼워 넣어 먹는 니스식 샌드위치다. 지금은 먹는 사람의 기호에 따라 참치와 멸치,

피살라디에르

양파, 찐 달걀, 토마토, 마늘, 고추를 넣기도 한다.

니스 샐러드는 니스뿐만 아니라 프랑스 전역으로 널리 퍼져나간 음식으로, 토마토와 황소 뿔 고추, 마늘, 붉은 양파, 잠두콩, 셀러리, 아티초크, 찐 달걀, 멸치에 올리브유를 듬뿍 뿌린다. 호박꽃에 튀김옷을 입혀서 튀기는 호박꽃 튀김 요리도 먹어볼만하다.

프로방스식 찜 요리의 변형인 니스식 소고기 찜 요리는 포도주에 재웠다가 푹 삶은 소고기(주로 부챗살 부위를 사용한다)에 토마토와 당근, 양파, 마늘, 셀러리, 파슬리, 허브, 버섯 같은 채소를 곁들여 먹는 요리다.

아이올리와 피스투

프랑스에서 마늘은 주로 리옹 남쪽 드롬(Drôme) 지방에서 재배된다. 약 750ha에 달하는 이 재배지에서는 더 오래 보관할 수 있는 흰 마늘을 키운다. 반면 니스의 배후지에서는 크기가 더 작은 보라색 마늘을 재배한다.

아이올리(Aïoli)와 피스투(Pistou)는 마늘이 주 재료인 소스다. 아이올리 소스는 프랑스의 지중해에 면한 지역뿐만 아니라 스페인이나 이탈리아에서도 많이 먹는다. 로마인들이 마늘과 올리브유를 섞어서 일종의 반죽을 만든 것이 아이올리 소스의 시초로 전해진다. 그러니까 이 소스를 만든 건 로마인들이라는 것이다.

당연하게도 이 소스의 질은 마늘이 좌우한다. 그러므로 수확한 지 얼마 안 된 신선한 마늘을 사용해야 하며, 그 어떤 경우에도 바싹 마른 마늘은 사용하지 말아야 한다.

가장 고전적인 형태의 아이올리 소스는 마늘과 올리브유만 섞어서 만들고, 여기에 달걀 노른자와 레몬즙, 후추를 첨가하여 좀 더 풍미가 느껴지게 할 수도 있다.

이 소스는 대구나 골뱅이 같은 어류, 푹 삶은 소고기나 양고기 같은 육류뿐만 아니라 특히 아티초크와 살짝 삶은 호박, 셀러리, 당근, 잠두콩, 무, 회향, 브로콜리, 감자 등 거의 모든 채소에 곁들일 수 있다. 아니면 삶은 달걀이나 올리브 열매에 곁들일 수도 있다. 한 마디로 모든 음식에 다 잘 어울린다.

피스투 소스는 마늘과 올리브유 외에 바질을 섞어 만든다. 소금과 파르마산 치즈, 후추, 소금을 넣어 좀 더 깊은 맛을 낼 수도 있다. 이 소스는 생선 요리나 양고기 요리와도 잘 어울리지만 특히 진한 흰콩 수프와 같이 먹으면 좋다.

피스투

HAUTES-ALPES

ALPES

VAUCLUSE

ALPES-DE-HAUTE-PROVENCE

ALPES-MARITIMES

BOUCHES-DU-RHONE

VAR

생폴드방스

니스 동물공원 앞에서 생폴드방스(Saint-Paul-de-Vence)로 가는 L400번 버스를 탔다. 버스가 르누아르 미술관이 있는 인구 5만여 명의 큰 도시 카뉴쉬르메르를 지나 인구 8천여 명의 중소 도시 라콜르쉬르루(La Colle-sur-Loup)로 들어섰다. 그 순간, 오른쪽 저 높이 천 년의 역사를 가진 생폴드방스(St. Paul de Vence) 마을이 푸르른 하늘을 배경으로 한 송이 꽃처럼 피어올랐다.

샤를 트르네는 〈7번 국도〉에서 "파리는 생폴드방스의 교외"라고 노래하고, 미셸 사르두는 〈브로드웨이의 자바 춤〉에서 "생폴드방스에서처럼 장난치고 노래하세"라고 소리치며, 자크 프레베르는 〈생폴드방스에서〉라는 산문시에서 생폴드방스의 아이들과 꽃, 작은 새들을 찬양했다.

산과 바다가 내려다보이는 높은 언덕에 올라앉아 있는 생폴드방스는 르네상스 시대에 카를 5세의 군대에 저항하기 위해 쌓아 올린 성벽으로 둘러싸여 있다. 아치형의 성문을 지나면 나타나는 낡은 돌집과 좁고 구불구불한 골목길, 가파른 계단, 물이 졸졸 흘러나오는 샘, 길 양쪽에 늘어서 있는 화랑, 화가들의 아틀리에, 곳곳에 전시된 예술품…. 이 마을을 천천히 걷노라면 정말 프로방스에 와 있다고 느껴진다.

황금 비둘기 식당에서 시작된 인연

시몬 시뇨레는 1921년 3월 25일 독일에서 시몬 카민케르라는 이름으로 태어난 프랑스 배우다. 폴란드계 유대인 아버지와 프랑스인 어머니 사이에서 태어나 파리 북쪽의 부촌 뇌이쉬르센에서 자랐다. 그가 조부모 집에서 휴가를 보내고 있을 때 제2차 세계대전이 일어난다. 대학입학 자격시험에 합격한 이 젊은 여성은 〈르 프티 파리지앵〉 신문사에서 비서로 일하기 시작한다.

그러나 영화배우를 꿈꾸었던 그는 연기의 세계에서 자신의 운을 시험해 보기로 하고 일을 그만둔다. 단역으로 시작한 배우 생활은 이 젊은 배우에게 매혹된 이브 알레그레 감독의 〈새벽의 악마들〉이라는 작품에서 처음으로 비중 있는 역할을 맡으며 본격적으로 시작된다. 1946년에는 그가 연출한 〈마카담〉에서 주연을 맡아 진정한 전후의 스타로 탄생한다. 그리고 2년 후, 두 사람은 결혼하여 딸을 낳는다.

1949년, 당시 스물여덟 살이었던 시몬 시뇨레는 생폴드방스에서 세 살배기 딸과 함께 바캉스를 보내고 있었다. 그는 황금 비둘기 식당(La colombe D'Or)에 들렀다가 시인 자크 프레베르의 소개로 한 동갑내기 청년과 인사를 나누게 되었다. 바로 〈고엽〉을 불러 큰 성공을 거둔 가수 이브 몽탕이었다. 그는 얼마 전 에디트 피아프와 헤어져 우울해 하고 있던 차였다.

황금 비둘기 식당 Place du Général de Gaulle, 06570 Saint-Paul-de-Vence

두 사람은 한눈에 서로에게 끌렸다. 시몬 시뇨레는 마음
이 가는 대로 행동하는 여성이었다. 결국 이브 알레그레를
버리고 딸과 함께 이브 몽탕에게 와서 1951년 12월, 결혼식
을 올렸다. 아이를 가지려고 노력했지만 두 번씩이나 유산을
하자 포기한다.

두 사람은 시몬 시뇨레가 세상을 떠날 때까지 삶을 함께
한 부부이기도 했지만 프랑스 공산당에서 정치적 투쟁을 벌
인 동지이기도 했다. 핵발전소 건설과 매카시즘(1950년부터 1954년
까지 미국을 휩쓴 공산주의자 색출 열풍)에 반대했고, 알제리 독립과 칠레
난민들을 위해 싸웠으며, 인종차별에 맞서 투쟁했다. 프랑
스 공산당을 지지했지만, 1956년 소련과 동구권 국가들을
돌아보면서 인민들의 비참한 현실을 목격하고 지지를 철회
하였다.

시몬 시뇨레는 이브 몽탕이 바람을 피운다는 사실(특히 마릴린 먼로와)을 알고 있었다. 독한 담배를 연이어 피우며 과음하기 시작했고, 두 사람은 자주 다투었다. 하지만 그렇다고 해서 이브 몽탕이 없는 삶은 상상할 수 없었고, 그를 떠날 수도 없었다.

시몬 시뇨레가 1985년 암으로 세상을 떠난 후 이브 몽탕은 6년을 더 살았다. 이 두 연인은 지금 파리 페르라세즈 묘지의 무덤에 함께 누워 죽음 이후의 영원한 삶을 살고 있다.

마티스가 설계한 로사리오 예배당

1941년 큰 수술을 받았던 마티스는 한 젊은 간호사(1942년에서 1943년까지 그의 모델이기도 했던 이 간호사는 그 뒤에 방스에 있는 도미니크 수도회 수녀원의 수녀가 되었다)의 극진한 간호를 받고 회복되었다. 그는 1943년 당시 니스의 레지나 호텔에 살고 있었는데 니스에 대해 일어날지도 모를 폭격을 피해 방스(Vence)의 르 레브 빌라로 거처를 옮겨 1948년까지 머물렀다. 마티스는 빌라에서 멀지 않은 곳에 있던 도미니크 수도회 수녀원에 들렀다가 우연히 자크 마리 수녀를 만났다. 그는 마티스에게 수녀들이 방스에 예배당을 짓고 싶어 한다고 말했다.

수녀원장은 마티스에게 레씨귀에르 신부를 조언자로 추천했다. 현대 예술에 관심이 많고 마티스가 종교예술에 큰 영향을 미칠 수 있을 것이라고 확신한 이 수련 수도사는 스테인드글라스뿐만 아니라 예배당 전체를 장식해 달라고 마티스를 설득했다. 건축가 오귀스트 프레와 스테인드글라스 예술가 폴 보니도 참여한 이 예배당 공사는 1949년 12월 12일 시작되어 초석이 놓였고, 1951년 6월 25일 완공되어 레몽 주교의 축성을 받았다. 레몽 주교는 아파서 준공식에 참석하지 못한 마티스를 대신하여 그의 편지를 읽었다.

"저는 지난 4년 동안 온 힘을 다해 오직 이 작품에만 매달렸습니다. 이 작품은 제 예술 활동의 결과물입니다. 저는 이 예배당이 비록 불완전하기는 하지만 그럼에도 저의 걸작이라고 생각합니다."

로사리오 예배당(Chapelle du Rosaire)의 내진(內陣)은 서쪽 방향이며, 가로 회랑 교차부에는 성직자석과 신자석 사이의 중축(中軸)에 따라 대각선으로 배치된 주 제단이 자리 잡고 있다. 북쪽에서는 가로 회랑이 거의 눈에 띄지 않지만, 남쪽에서는 가로 회랑에 수녀들의 좌석이 설치되어 있어서 눈에 잘 띈다. 남쪽에는 고해실과 작은 종루의 원기둥형 기초 부분이 있다. 철근 콘크리트로 지어졌고 둥근 기와지붕으로 덮여 있는 예배당은 빛(마티스는 이 예배당을 짓기 시작하면서 빛을 자연적인 것이 아니라 영적인 것으로 여기기 시작했다)의 효과로 내부 공간이 넓어 보인다는 특징이 있다.

마티스는 처음에는 스테인드글라스를 종교적인 소재로

장식하려고 했으나 곧 이 같은 생각을 버리고 식물적인 소재를 선택하여 선과 색을 자유롭게 사용했다. 시간이 지나면서 그는 설계 초안에 들어있던 많은 요소들, 특히 그가 직접 디자인했던 문화적 기물들을 하나씩 버렸다. 이렇게 해서 동상들과 성모 마리아 제단, 영성체를 하는 테이블, 파이프 오르간 상자, 바닥 장식이 사라지고 오직 제단과 신자석만 설치되었다. 많은 공간이 확보되면서 마침내 스테인드글라스가 자유롭게 빛의 놀이를 할 수 있게 되었다. 이 푸른색과 초록색, 노란색 스테인드글라스는 〈천지창조〉에 묘사된 것처럼 빛에 의해 생생하게 살아나는 원초적 공간(하늘과 땅)을 상징한다.

마티스는 백지 상태로 남아 있는 동쪽과 북쪽 벽에 흰색 사기 타일을 붙인 다음 검은색 선으로 〈도미니크 성인〉과 〈아기 예수와 성모 마리아〉, 〈십자가의 길〉을 그렸다. 극도로 간결하고 순수한 이 3점의 작품은 햇빛이 스테인드글라스를 비추면 꼭 살아 움직이는 듯하다.

반면에 서쪽과 남쪽 벽은 완전히 스테인드글라스로 덮여 있다. '생명의 나무'라고 불리는 서쪽의 이중 스테인드글라스에는 자유롭게 배열되어 꼭 허공에 매달린 벽지처럼 보이는 식물적 소재들이 그려져 있다. 남쪽 벽에 붙어 있는 15점의 작은 스테인드글라스에는 지중해 선인장의 잎들을 그렸는데, 중간에 있는 공간들이 이 소재의 전체적인 리듬과 섞일 수 있도록 교대로 배치되어 있다. 성직자석 뒤에는 9개가,

로사리오 예배당 466, Av. Henri Matisse, 06140 Vence

중앙 홀에는 6개가 모여 있는 이 좁고 길쭉한 스테인드글라스는 수직적인 움직임을 잘 보여준다.

　이 예배당은 찻길에 바짝 붙어 있어서 그냥 지나치기 쉽지만, 다행히도 흰색과 푸른색 기와를 얹은 지붕과 13m 높이의 십자가로 이 건물이 로사리오 예배당이라는 것을 알 수 있다. 예배당 안에서는 사진 촬영이 금지되어 있어, 아쉽게도 책에는 내부 사진을 싣지 못했다.

> L400번 버스는 생폴드방스를 거쳐 방스까지 간다. 방스에서 로사리오 예배당까지는 걸어서 20분가량 걸린다.

HAUTES-ALPES

ALPES

VAUCLUSE

ALPES-DE-HAUTE-PROVENCE

ALPES-MARITIMES

BOUCHES-DU-RHONE

VAR

에즈

"내게는 니스의 빛과 공기가 필요하다. 내게는 천사의 만이 필요하다. 나는 라이프치히의 공기와 뮌헨의 공기, 피렌체의 공기, 제노바의 공기를 모두 마셔보았다. 니스의 공기는 이 모든 도시의 공기보다 더 맑다. 두더지와 햄릿의 피가 혈관 속을 흐르고 있는 나는 이제 다시 니스로 돌아왔다. 다시 말하자면 이성을 되찾은 것이다. 나는 내게 자신감을 불러일으키고 나를 향해 '여기가 바로 네가 있어야 할 곳이다'라고 말하는 의기양양한 목소리가 유럽의 하늘에 울려 퍼지는 것을 듣는다."

니체는 이렇게 외쳤다. 니체에게는 사유할 풍경이 필요했고, 그는 1883년에서 1887년 겨울을 보낸 니스와 그 주변에서 이 풍경을 발견했다. 이 지역은 빛과 태양, 따뜻함뿐만 아니라 코스모폴리타니즘과 순수함, 자유까지도 제공했다. 그의 눈에 니스는 그리스 철학의 도시였다. 그는 이 도시에서 '의기양양하고 초 유럽적인' 무언가를 느꼈다. 그는 자신이 독일인이라기보다는 지중해인에 가깝다고 생각했다.

니체는 1899년 토리노에서 한 짐수레꾼이 지친 말에게 채찍질하는 걸 보고 미쳐버리기 전, 니스에 남몰래 여러 차례 머물렀다. 그가 머물렀던 곳은 모두 구시가지나 구시가지

에즈 마을 안

에 면한 서민 동네의 저렴한 민박집이었다. 그는 서점을 들락거리면서 모파상이나 공쿠르 형제, 보들레르의 작품을 관심 있게 읽었다. 또한 니스의 바닷가와 성(루이 14세는 보방의 의견을 무시하고 이 성을 파괴했으며, 이때 완전히 부서지지 않은 큰 탑에 니체의 이름이 붙어 있다) 이 있었던 언덕을 산책하고 망통(Menton)과 캅페라(Cap Ferrat), 빌프랑슈쉬르메르(Villefranche-sur-Mer) 등지로도 여행했다.

이 열정적인 존재, 이 고독한 방랑자는 이 장소에서 그의 심오한 사유를 전개하였다. 니스에서 멀지 않은 절벽 위의 마을 에즈(Èze)로 올라가는 길은 특히 그를 매혹시켰다. 그는 〈이 사람을 보라〉에 이렇게 쓴다.

"내가 '낡은 서판과 새로운 서판'이라고 제목을 붙인 결정적인 부분은 기차역에서 기가 막히게 아름다운 에즈 마을까지 이어지는 가파른 오르막길을 올라가면서 구성되었다. 창조적 영감이 내 안에서 샘솟듯 솟아나자 내 근육이 최고로 잘 움직였다. 내 몸(내 정신은 제외하자)은 흥분했다. 사람들은 내가 즐거워하며 춤추는 모습을 보았다. 그래서 나는 눈곱만큼도 피곤해하지 않고 6시간이나 7시간 동안 쉬지 않고 계속 산을 오를 수 있었다."

니체의 산책로는 지중해에 면한 에즈쉬르메르(Èze-sur-Mer) 마을에서 해발 427m의 절벽에 자리 잡은 에즈빌라쥬(Èze village) 마을까지 이어져 있다. 2.1km에 달하는 이 가파른 오

니체의 산책로 06360 Èze

르막길을 오르는 데는 1시간 반 정도가 걸린다. 니체는 말
했다.

"모든 것이 죽었다가 다시 살아난다. 삶의 주기는 영원히 되풀
이 된다."

그의 말처럼 이 길은 처음 1km가량은 해가 쨍쨍 내리쬐
는 건조하고 황량한 자갈투성이 길을 힘겹게 기어 올라가야
한다. 하지만 그러고 나면 '모든 것이 다시 살아난다!' 키 큰
나무들이 서늘한 그늘을 드리우는 숲이 시작되는 것이다. 그

리고 저 위로 성모 승천 교회의 황토색 종탑이 눈에 들어오면 길은 끝이 난다. 드디어 하늘에 오른 것이다. 니체의 길은 하늘로 올라가는 길이다.

에즈를 여행하게 되면 마을 맨 꼭대기에 있는 열대 정원 (Jardin Exotique - 20, Rue du Château, 06360 Èze)에 들어가 보자. 숨이 막힐 정도로 아름다운 전경이 눈 앞에 펼쳐진다.

니스에서 에즈로 갈 때는 니스의 보방(Vauban) 버스 정류장에서 출발하는 82번 버스를 이용하면 된다. 에즈를 구경하고 나서는 니체의 산책로를 따라 에즈 기차역까지 내려가서 기차를 타고 니스로 돌아가면 된다.

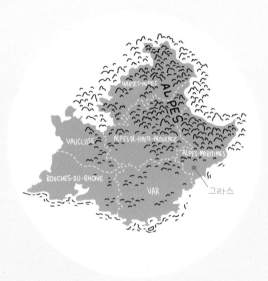

향수의 도시 그라스(Grasse)에 가기 위해 니스 동물공원 앞에서 500번 버스를 탔다. 1시간 20분가량 달리던 버스가 커브를 돌아서는 순간 '거대한 분지의 맞은편 끝'에 도시 하나가 나타났다. 그라스였다.

나는 버스에서 내려 파트리크 쥐스킨트가 쓴 소설《향수》의 주인공인 그루느이가 그랬던 것처럼 그라스가 눈앞에 훤히 펼쳐지는 산마루에 올라섰다. 그라스는 달걀 모양을 한 분지 저편의 절벽에 간신히 매달려 있는 것처럼 보였다.

그라스는 중세 때만 해도 최고 품질의 가죽을 생산하여 유럽 전역으로 수출하던 '가죽의 도시'였다. 하지만 가죽으로 만든 제품에서는 머리가 지끈거릴 정도로 지독한 악취가 풍겼고, 16세기에 그라스의 가죽 장인 갈리마르는 이 악취를 억제하기 위해 가죽에 향을 입혔다. 가죽의 도시 그라스가 '향수의 도시' 그라스로 바뀌는 역사적인 순간이었다.

그라스는 최고의 향수를 만들기 위해 주변 지역에서 라벤더와 자스민, 장미, 미모사, 도금양 등의 꽃을 재배하면서 향수의 본고장으로 확실히 자리를 잡았다.

그 이후로 향수는 외모의 예술이 최고의 경지에 이른 프랑스 베르사유궁에서 널리 사용되었다. 엄격한 의미의 향수

그라스 시내

뿐만 아니라 향수 주머니라든가 향기 나는 장갑과 부채 같은 액세서리에도 사용된 것이다. 향수는 퍼져나가면서 그걸 뿌린 사람 주위에 일종의 후광을 만드는 효과가 있어 궁정인의 존재와 사회적 영역을 확장시키는 용도로 사용되었다.

베르사유궁에서 향수가 일상적으로 사용된 데에는 또 다른 이유가 있다. 궁에 화장실이 없어서 늘 지독한 악취를 풍겼기 때문이었다. 프랑스 의학사 전문가인 오귀스탱 카바네스(1864~1928)는 《과거의 은밀한 풍습》이라는 책에서 이렇게 썼다.

"공원과 정원은 물론 성에서도 토가 나올 정도로 악취를 풍긴

프라고나르 향수 공장 20 boulevard, Fragonard, 06130 Grasse

다. 통로와 마당, 건물, 복도는 오줌과 똥 천지다. 궁 앞 오른쪽
의 별관 건물 근처에서 돼지고기 장사가 돼지에게 똥을 먹여
키울 정도였다. 궁으로 이어지는 셍클루 거리는 괴어서 썩어가
는 물과 죽은 고양이로 뒤덮여 있었다."

말하자면 각 개인의 신분을 나타내고 악취 나는 환경을
극복하기 위해 몸에 진한 향수를 뿌린 것이다. 그리하여 루
이 15세 시대에 프랑스 궁정은 '향기 나는 궁정'이라고 불릴
만큼 향수가 널리 사용되었다.

프로방스의 허브

지금으로부터 2000여 년 전, 로마인들은 골 지방의 숲을 없애버렸고, 이렇게 공동화된 토양은 향초(香草)와 덤불 숲으로 덮이게 되었다. 그리하여 백리향, 로즈마리, 샐비어, 차조기, 회향, 라벤더 등의 허브는 프로방스의 자연 식물상을 대표하게 되었다.

프로방스 사람들은 경작되지 않은 땅이 제공하는 이러한 자연의 풍요함을 이용할 줄 알았다. 허브 판매인들은 이 석회질 토양의 황무지를 돌아다니며 허브를 채집하여 마르세유와 니스, 그라스, 압트에 있는 약제사와 향수 제조자, 향신료 상인에게 팔았다.

향수를 만들 때는 프로방스의 방향족 식물 중에서 라벤더가 단연 인기였지만, 요리를 할 때는 백리향만한 것이 없었다. 의학적으로 백리향에는 위의 통증을 완화시키고 축농증을 낫게 해주는 효능이 있다. 미혼 남성이 좋아하는 여성의 집 문에 작은 백리향 묶음을 매달아서 사랑을 고백하기도 했다.

제2차 세계대전이 끝난 뒤로 향초, 특히 백리향에 대한 수요가 많아졌지만, 인건비 때문에 재배를 하는 사람은 거의 없었다. 1980년대 초에 기계가 발명되면서 백리향 재배는 본격적으로 시작되었다.

백리향은 열을 지어 촘촘하게 심는다. 작은 백리향 덤불은 4월 초에서 6월까지 보라색이나 연한 분홍색을 띤 작은 꽃으로 뒤덮인다. 봄

이 시작될 때 열과 열 사이의 땅을 파서 제초 작업을 한다. 이렇게 하지 않으면 나중에 수확을 할 때 백리향과 잡초를 구분하기가 너무 어려워지기 때문이다. 백리향은 꽃이 완전히 피기 전에 수확해서 1m 50cm 두께로 넓게 펼쳐놓은 다음 아래쪽에 뜨거운 공기를 불어 넣어 건조시킨다.

프로방스의 허브는 대체로 서너 가지 종류의 허브를 섞어서 만든다. 백리향과 로즈마리는 항상 들어가고, 꽃박하와 차조기는 자주 들어가며, 샐비어와 월계수도 이따금 들어간다.

허브는 건조한 다음 몇 가지를 섞어서 판매하는 것이 일반적이다. 하지만 따로따로 향 주머니 속에 넣거나 오일, 반죽으로 만들어 판매하기도 한다.

HAUTES-ALPES
ALPES
VAUCLUSE
ALPES-DE-HAUTE-PROVENCE
ALPES-MARITIMES
BOUCHES-DU-RHONE
VAR
엑상프로방스

폴 세잔(1839~1906)은 프로방스의 도시 엑상프로방스(Aix-en-Provence)에서 태어나고 죽었다. 현대 예술의 선구자로 간주되는 이 위대한 예술가는 입체파 화가들과 야수파 화가들을 포함한 많은 아방가르드 화가들에게 엄청난 영향을 미쳤다. 그래서 마티스와 피카소는 세잔을 '우리 모두의 아버지'라고 말하지 않았던가.

엑상프로방스에 있는 그라네 미술관(Musée Granet - Place Saint-Jean de Malte, 13080 Aix-en-Provence)은 1838년에 문을 열었다. 이는 세잔 자신이 이 미술관을 방문했다는 것을 의미한다. 지금은 전 세계의 많은 미술관에서 세잔의 작품을 볼 수 있지만, 그라네 미술관은 그가 태어난 곳에서 멀지 않은 곳에서 그의 작품을 볼 수 있다는 점에서 특별하다.

이곳에는 세잔의 작품 10점이 전시되어 있으며, 그중에는 에밀 졸라의 초상화도 있다. 두 사람은 같은 거리에 있는 부르봉 중학교의 같은 반 친구였고, 이 미래의 작가는 세잔이 친구들에게 괴롭힘을 당하는 자신을 구해주자 감사의 뜻으로 사과 바구니를 선물했다.

세잔의 아버지는 엑상프로방스 서쪽의 자드부팡(Jas-de-Bouffan)이라는 곳에 별장을 한 채 사서 1870년에 가족과 함께 자리 잡았다. 그는 1885년 세잔을 위해 이 집 지붕 밑 방에 작은 아틀리에를 만들어주었다. 세잔은 고향인 엑상프로방스에서 화가의 길을 걷기 시작하여 1859년부터 1899년까지 40년 동안 집과 농가, 연못, 동상 앞과 작은 숲, 마로니에 길, 정원에 화가(畵架)를 세우고 36점의 유화와 17점의 수채화를 그렸다.

입체파 미술이 탄생한 채석장

엑상프로방스 동쪽에 위치한 비베뮈스 채석장(Carrières de Bibémus - 3080, chemin de Bibémus, 13100 Aix-en-Provence)은 입체파 미술이 탄생한 장소다. 18세기까지 채석장이었던 이 7ha 넓이의 바위 고원을 발견한 세잔은 여기에 자리를 잡고 1895년에서

붉은 바위
폴 세잔, 1900년
오랑주리 미술관

1900년 사이에 〈붉은 바위〉를 비롯한 11점의 유화와 16점의 수채화를 그렸다.

〈붉은 바위〉는 매우 단순해 보이는 작품으로, 명암이 들어간 나무들과 뚜렷하게 두드러지는 오렌지색 바위, 푸른 하늘이 그려져 있다. 전통적인 원근법은 완전히 무시되었고, 기하학적이며 추상적인 바위가 오른쪽 윗부분에 툭 튀어나와 있어서 이상한 느낌을 불러일으킨다. 미국의 예술사학자 존 리월드는 세잔이 그린 풍경화 중에 매우 예외적으로 이 작품에서는 바위와 나무들이 나란히 그려진 것이 불균형하고 어색해 보이지만, 전체적으로 보면 경이로운 균형을 이룬다고 결론짓는다.

세잔의 아틀리에

엑상프로방스 북쪽 로브 언덕에 있는 세잔의 아틀리에(Atelier de Cezanne - 9, Av. Paul Cézanne, 13100 Aix-en-Provence)는 그가 1902년부터 죽을 때까지 매일 오전 6시부터 오후 5시까지 그림을 그린 곳이다. 책상, 나무 의자, 이젤, 병들, 도자기들…. 빛에 잠긴 이 장소를 채우고 있는 이런 사물들만으로도 세잔의 존재를 느끼기에는 충분하다.

세잔은 1901년 엑상프로방스 북쪽에 2천 프랑을 주고 생트빅투아르산이 보이는 이 대지 7,000m^{2}의 낡은 농가를 샀다. 이 농가는 전형적인 프로방스 스타일로, 1층에 거실 2개와 화장실, 부엌, 작은 사무실이 있고, 2층에는 아틀리에가 있다. 세잔은 이 아틀리에에서 〈욕녀〉 시리즈와 〈정원사 발리에의 초상화〉, 〈정원 풍경〉, 〈생트빅투아르산〉, 정물화 등 수십 점의 작품을 그렸다.

화가들의 땅

세잔의 아틀리에에서 북쪽으로 10분쯤 걸어 올라가면 화가들의 땅(Terrain des Peintres)이 나타난다. 세잔은 바로 여기서 자주 생트빅투아르산을 그렸다.

화가들의 땅은 프로방스를 상징하는 실편백과 올리브나무가 서 있는 정원으로 둘러싸여 있으며, 세잔이 생트빅투아르산과 주변을 그린 그림 여러 점이 복제되어 있다. 이곳에서 생트빅투아르산을 바라보면 세잔이 어떻게 해서 이 산으로부터 영감을 얻었는지 알 수 있다. 나는 화가들의 땅에서

화가들의 땅 49, Av. Paul Cézanne, 13100 Aix-en-Provence

세잔이 그린 생트빅투아르산

좋아하는 가수 프랑스 갈이 부른 〈세잔, 그리다〉를 듣는다.

평생 영감을 얻었던 생트빅투아르산

생트빅투아르산은 세잔의 영원한 뮤즈다. 그는 젊었을 때 졸라나 바이유 같은 친구들과 함께 오랫동안 생트빅투아르산을 돌아다니고 나서 하늘을 찌를 듯 삐죽삐죽 솟아오른 이 석회암 산을 그리기 시작한다. 이 산은 44점의 유화와 43점의 수채화에 등장한다.

세잔의 아틀리에는 이 산 쪽에 면해 있었다. 그가 이 산을 그린 작품들에는 대부분 해가 후경에서 산을 환히 비추고

화가들의 땅에서 바라본 생트빅투아르산

전경에는 풀과 나무, 집 등이 있다. 생애 말기인 1882년에서 1906년 사이에 이 산은 점점 더 세잔을 매혹했고, 그는 이 거대한 산의 세모진 모습을 좋아해서 이 산을 거의 대부분 전경에 그렸다.

세잔은 사랑하는 이 산을 그리다가 죽기를 바랐는데, 불행하게도 이 일은 실제로 일어났다. 빗속에서 마지막으로 이 산을 그리다가 세상을 떠난 것이다. 이렇게 해서 그의 영혼은 생트빅투아르산 속에 영원히 깃들게 되었다.

칼리송

프로방스에서 크리스마스 때 먹는 13가지 디저트 중 하나인 칼리송(Calisson)은 엑상프로방스를 대표하는 과자로 15세기부터 프로방스 사람들의 혀를 즐겁게 했다. 이 지역에 전해져 내려오는 이야기에 따르면, 르네왕이 먹는 과자를 만드는 사람이 1454년 이 왕의 결혼식 때 아몬드가 주성분인 칼리송을 만들었다고 한다. 어린 잔 드 라발 여왕이 이 당과의 이름을 묻자 그는 프로방스어로 "이건 달콤한 과자(Di calin soun)입니다"라고 대답했다.

칼리송의 제조법은 만드는 사람에 따라 조금씩 차이가 나지만, 재료는 모두 같다. 지중해 변의 지역에서 수확한 아몬드와 압트에서 만든 설탕에 절인 멜론, 그리고 천연 설탕 시럽이다. 껍질을 제거한 아몬드를 설탕에 절인 멜론과 섞은 다음 갈아서 반죽을 만든다. 이 반죽을 효모를 사용하지 않은 얇은 빵으로 만든 받침 위에 올려놓는다. 그런 다음 설탕과 달걀 흰자로 만든 아이싱으로 덮어 완성한다.

칼리송

누가 과자

"Tu nous gâtes!(할머니, 이러다 저희들 버릇 나빠지
겠어요!)" 할머니가 꿀과 설탕, 아몬드로 이 과자를 만들어주면 아이들은
이렇게 외쳤다. 누가(Nougat)라는 과자 이름은 여기서 유래하는 것으로
추정된다. 하지만 언어학자들의 의견은 다르다. 누가라는 단어는 호두
과자를 가리키는 라틴어 눅스 가툼(Nux gatum)에서 유래하며, 호두가 나
중에 아몬드로 바뀌었다는 것이다. 프로방스에서 누가는 최소한 400
년 전으로 거슬러 올라가는 전통 과자다.

누가 과자

누가의 품질은 재료의 질에 따라 결정된다. 아몬드도 아몬드지만 꿀의 품질이 중요하다. 특히 라벤더 꿀을 넣으면 매우 고소한 맛을 낸다.

먼저 꿀에 함유된 물을 증발시키기 위해 꿀을 중탕한다. 그리고 꿀에 달걀 흰자와 설탕을 섞은 다음 포도당을 조금 넣고 미리 익힌다. 이렇게 익히면 누가 과자가 결정(結晶)되는 것을 막을 수 있다. 익히는 온도가 120도를 넘지 않으면 누가 과자는 부드러워지고 120도를 넘으면 단단해진다. 점도가 적당해지면 아몬드와 피스타치오 조각을 넣고 계속 저어준다. 호두나 개암 열매, 혹은 당과를 넣기도 한다. 반죽이 완성되면 특수 종이로 덮어 틀에 집어넣는다. 볶은 아몬드와 꽃꿀을 넣으면 색이 진해져서 검은 누가 과자가 만들어진다.

검은색이든 하얀색이든, 누가 과자는 프로방스에서 크리스마스 때 먹는 13가지 디저트 중 하나다.

뤼베롱 Lubéron

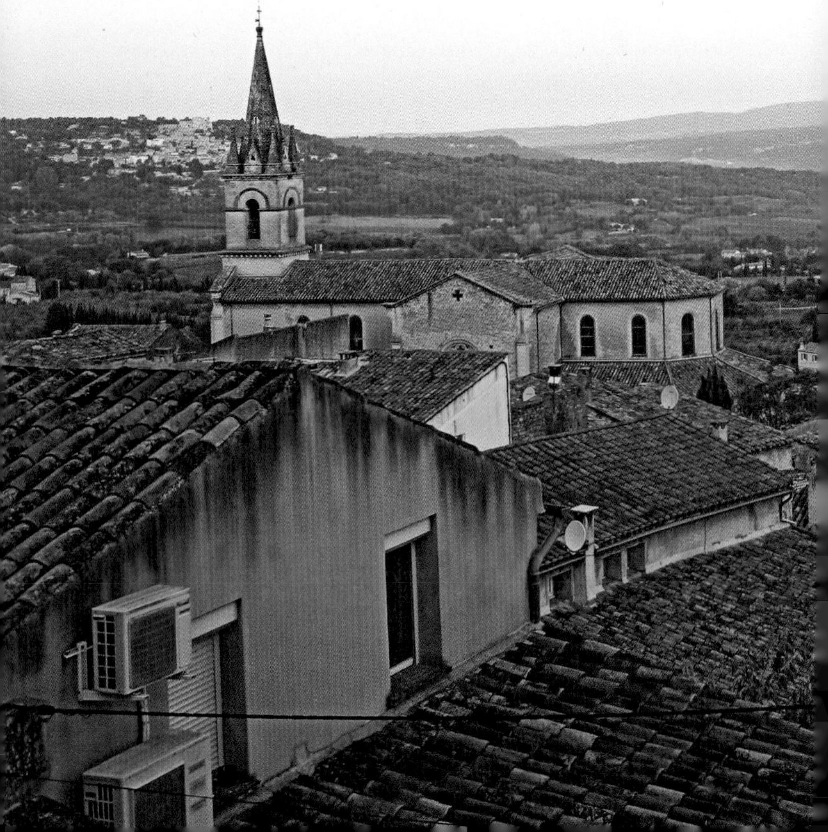

프랑스에서 가장 아름다운 언덕 위 마을들

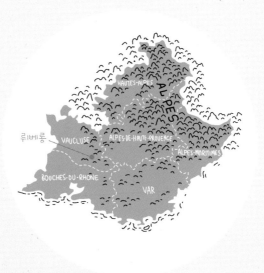

루베롱 VAUCLUSE

HAUTES-ALPES

ALPES

ALPES-DE-HAUTE-PROVENCE

ALPES-MARITIMES

BOUCHES-DU-RHONE

VAR

뤼베롱(Lubéron)은 동쪽에서 서쪽까지 60km, 남쪽에서 북쪽까지 5km가량 펼쳐진 기다란 장방형 모양의 거대한 산괴(山塊)로 동쪽에는 마노스크, 서쪽에는 카바이옹, 북쪽에는 압트, 남쪽에는 페르튀스 같은 큰 마을이 자리 잡고 있다.

　뤼베롱의 산과 들에서는 계절이 바뀔 때마다 현란한 색의 잔치가 벌어진다. 봄에는 개양귀비꽃의 눈이 시릴 정도로 진한 빨강이 온 천지를 물들이고, 여름에는 보라색 라벤더가 진한 향을 뿜어내며, 가을에는 포도밭이 노란색과 황금

붉은 포도밭 반 고흐, 1888년, 푸시킨 미술관

겨울 풍경 피터르 브뤼헐, 1565년, 개인 소장

색, 붉은색, 적갈색, 보라색으로 물결친다. 그리고 겨울이 되면 뤼베롱의 풍경은 플랑드르 화가 피터르 브뤼헐의 〈겨울 풍경〉으로 바뀐다.

이처럼 다양한 풍경을 보여주는 뤼베롱 지역의 높은 언덕에 올라앉아 있는 마을(Village perché)들은 그림엽서에서나 볼 수 있는 아름다운 전망을 제공한다. 이 지역에 있는 메네르브와 루시옹, 고르드, 이 세 곳이 '프랑스에서 가장 아름다운 마을'로 인증받은 것은 결코 우연이 아니다. 눈앞에 쫙 펼쳐지는 숨 막히는 절경을 더 잘 감상하고 싶으면 해 질 무렵 이런 마을에 올라보라. 진짜 프로방스의 풍경을 만날 수 있을 것이다.

엑상프로방스에서 A51 고속도로를 타고 북쪽으로 40분쯤 달리다가 D956번 지방 도로로 빠져나가면 바로 강이 나타난다. 뒤랑스강이다. 프로방스에서 가장 긴(323km) 이 강은 브리앙송 근처의 알프스산맥에서 발원하여 시스트롱, 마노스크를 지나 남쪽으로 흐르다가 페르튀스에서 서쪽으로 방향을 틀어 카바이옹을 지나 아비뇽 근처에서 론강으로 흘러들어간다.

이 뒤랑스강은 잠시 후 도착하게 될 루르마랭(Lourmarin) 마을의 묘지(알베르 카뮈의 무덤이 있는)에 묻혀 있는 작가 앙리 보스코가 쓴 《아이와 강》이라는 작품의 무대이기도 하다.

루르마랭
카뮈의 소박한 삶

앙리 보스코의 작품 속 프로방스

아비뇽 출신인 앙리 보스코(1888~1976)는 일곱 살 때부터 소설을 쓰기 시작했다. 프로방스 특유의 자연과 감성을 그려낸 30여 작품은 르노도 문학상과 아카데미 프랑세즈 문학상 등을 받았으며 그의 모든 작품은 앙바사되르 문학상을 받기도 했다. 특히 《아이와 강》은 그가 쓴 많은 어린이 소설의 대표작으로, 한 소년이 아름다운 프로방스의 자연 속에서 모험을

루르마랭 골목길

벌이고 진정한 우정을 깨달으며 성장해 가는 이야기다.

파스칼레는 사이프러스로 둘러싸인 들판 한가운데 있는 작은 농장에서 평화로운 어린 시절을 보내고 있다. 밤에 그는 어른들이 풀밭 뒤로 흐르는 강에 관해 얘기하는 것을 듣는다. 그들은 부글부글 끓는 강물과 홍수, 물속의 포트홀, 집시에 대해 얘기한다. 파스칼레는 접근이 엄격히 금지된 이 강에 가고 싶어한다. 그의 어머니는 이렇게 말한다.

"애야, 강에는 사람들이 빠져 죽는 구멍이 있고, 갈대밭에는 뱀이 있단다. 그리고 강가에는 집시들이 있어."

어느 날 파스칼레의 부모가 여행을 떠나자 이모가 그를 돌보게 된다. 하지만 신경을 안 쓰는 이모 덕분에 그는 생전 처음 자유로이 행동할 수 있게 되었다. 이 소년은 그를 꿈꾸게 하는 이 강의 부름에 더 이상 저항할 수 없다. 그래서 어느 날 강의 유혹에 굴복하여 강으로 향한다.

그러나 파스칼레가 탄 배가 갑자기 표류하여 무인도처럼 보이는 섬에 가 닿게 된다. 여기서 그는 어린 소년 가조를 붙잡아 둔 험악한 집시들을 만나지만, 이 어린 인질을 구출하는 데 성공한다. 두 소년은 기지를 발휘하여 집시들에게서 도망치고 지략을 발휘하여 무인도에서 탈출한다. 집으로 무사히 돌아간 파스칼레는 부모에게 가조를 소개하고, 가조가 고아라는 사실을 알게 된 파스칼레의 부모는 그를 입양한다.

카뮈라는 이름을 숨기고 조용한 삶을 살다

알제리의 가난한 집에서 태어난 작가 알베르 카뮈(1913~1960)는 그의 20대 이후의 삶에 결정적인 영향을 미치게 될 두 사람을 만나게 된다.

한 사람은 그를 가르쳤던 루이 제르맹이다. 이 교사는 카뮈가 장학금을 받아 알제의 뷔조 리세에서 공부를 계속할 수 있도록 도움을 주었다. 또 한 사람은 《섬》의 작가 장 그르니에로, 루르마랭성을 관리하는 로랑 비베르 재단의 연구생이자 그의 새로운 교사였다. 카뮈는 그를 통해 프로방스와 루르마랭에 대해 알게 되었다.

장 그르니에가 이 마을을 묘사하는 것을 듣고 매료된 카뮈는 멀지 않은 일쉬르라소르그에 살고 있어서 자주 찾아가던 친구 르네 샤르의 격려를 받아 루르마랭에 정착하게 된다.

카뮈는 1957년 10월 그의 작품 전체, 특히 《이방인》과 《페스트》에 주어진 노벨문학상 상금으로 루르마랭에 집을 사서 1958년부터 이곳을 찾아와 조용하고 편안한 시간을 보내곤 했다. 그는 이곳 땅을 묘사하는 데 자주 몰두했다.

카뮈가 태어나고 자란 알제리와 유사한 루르마랭과 뤼베롱의 풍경은 그가 알제리에서 바라봤던 먼 산과 자주 비교될 것이다. 카뮈의 딸 카트린은 이 집에 대해 이렇게 얘기한다.

"우리 집에서는 전망이 기가 막혔지요. 거기서 우리는 숨을 쉬고 있다는 느낌이 들었어요. 아름다운 풍경이 우리 눈앞에 펼쳐졌답니다. 아버지는 산 뒤에 바다가 있고 바다 뒤에 알제리가 있다는 걸 알고 있었지요."

루르마랭에 머무르는 동안 번잡하게 살고 싶지 않았던 카뮈는 자신의 신분을 숨기고 '테라스'라는 이름으로 살았다. 그가 시간을 보냈던 올리에 식당, 신문을 읽곤 했던 오르모 카페는 아직 남아 있다. 여기서 조금 더 가면 축구 경기장이 있다. 이 스포츠를 무척 좋아했던 카뮈는 자신의 유니폼을 이곳 청년 스포츠 클럽에 기증하였다.

1960년 1월 1일 카뮈는 루르마랭 집에서 가족, 친구들(자닌과 미셸 갈리마르)과 함께 새해를 맞았다. 1월 2일, 그는 원래 아내와 두 아이와 기차를 타고 파리로 올라가려 했지만, 이 친구 부부와 함께 자동차를 타고 가기로 한다. 1월 4일, 그는 파리에서 100km 떨어진 한 마을에서 자동차가 가로수를 들이받는 바람에 세상을 떠난다. 그의 나이 마흔여덟이었다. 카뮈 자신의 말처럼 "죽음은 우리 주변 곳곳에 널려 있었다."

카뮈는 얼마 안 되는 기간 동안 살았던 루르마랭 묘지(Cimetière de Lourmarin)에 묻혀 있다. 20세기의 가장 위대한 프랑스 작가는 이름과 태어나고 잠든 연도만 기록되어 있을 뿐 묘비명도 없이 이 작은 마을에 영원히 잠들어 있다. 21세기에도 가장 많이 읽히는 작품을 남긴 이 작가의 무덤은 그의 삶이 그랬듯 소박하다.

알베르 카뮈의 무덤 84160 Lourmarin

카뮈의 죽음이 '자연적인 죽음이었을까, 아니면 의식적인 죽음이었을까'를 생각하며 루르마랭에서 동쪽으로 지척(8km)에 있는 퀴퀴롱(Cucuron, '언덕'이라는 뜻)을 향해 포도밭 사이를 달려간다.

퀴퀴롱에 도착하자마자 마을이 훤히 내려다보이는 성탑으로 올라갔다. 이 마을 집들의 지붕을 보기 위해서였다. 1995년 장 폴 라프노 감독이 장 지오노의 동명 소설을 원작으로 만든 〈지붕 위의 기병〉에서 기병대장 앙젤로 파르디는 주민들로부터 샘에 독을 푼 이방인으로 몰려 붙잡혔다가 지붕 위로 도망치는데, 이 장면이 바로 퀴퀴롱에서 촬영되었다.

퀴퀴롱 마을의 지붕

1832년 프로방스에는 콜레라가 창궐하고 있었다. 젊은 귀족 여성 폴린은 남편이 기다리고 있는 프로방스의 성으로 돌아가려 한다. 보병대장인 앙젤로 대령은 이탈리아의 독립을 위해 결성된 비밀결사 카르보나리 당원으로 오스트리아 군인들에게 쫓기고 있다. 두 사람은 열흘 동안 함께 길을 가게 된다. 사람들은 콜레라에 걸려 수도 없이 죽어가면서 점차 집단 광기에 사로잡힌다.

영화 속 그들이 인간성을 잃고 짐승이 되어가는 그 시대는 우리가 살고 있는 전염병의 시대를 연상시킨다. 그렇지만 앙젤로와 폴린은 이러한 극한의 상황에서도 용기와 예의, 타인에 대한 믿음과 사랑, 품위, 절제 등 인간이 갖추어야 할 최소한의 덕목을 보여준다. 이 같은 덕목이 포스트 코로나 시대에도 여전히 유효하다는 건 두말할 필요도 없을 것이다.

리들리 스콧이 연출하고 러셀 크로와 마리옹 코티아르가 출연한 〈어느 멋진 순간〉(2006)은 전반부 런던의 주식시장 장면을 제외하고는 뤼베롱 지역이 배경이다. 포도밭은 보니유의 라 카노르그성에서, 파니가 일하는 식당 장면은 고르드에서 촬영했다. 퀴퀴롱에서는 막스와 파니가 식당에서 저녁 식사를 하는 장면을 찍었다.

🧳 생미셸 성탑(Donjon Saint-Michel)에 올라가면 퀴퀴롱 동네와 이 동네 집들의 지붕이 훤히 내려다보인다.

보니유
기원전 3세기의 로마 다리

북쪽을 향해 깊은 계곡을 20분쯤 달리던 자동차가 오른쪽으로 커브를 틀자 저 멀리 높은 언덕에 올라앉은 보니유 (Bonnieux) 마을이 눈에 들어온다.

1,500여 명의 주민이 살고 있는 이 마을에 들어서면 흙을 구워 만든 기와로 지붕을 덮은 집들과 17세기에 지은 아름다운 저택들을 볼 수 있다.

보니유는 주교들이 살아서 오랫동안 번성한 마을이었다. 마을 위쪽에서 86개의 계단을 오르면 옛 성당과 수백 년 된

보니유

쥘리앵 다리 Les Lavandins, Rte du Pont Julien, 84480 Bonnieux

서양 삼나무, 라벤더밭이 나타나고 저 아래로는 돌이 깔린 골목길과 바, 식당, 허브를 파는 가게, 시청으로 이루어진 마을이 있다. 마주 보이는 라코스트 마을 너머로 넓은 평원이 내려다보인다.

보니유에서 북쪽으로 5km를 가면 기원전 3세기에 세워진 로마 다리가 있다. 쥘리앵 다리(Pont Julien)라고 불리는 이 다리는 길이 80m, 높이 11m에 3개의 아치로 이루어져 있다. 지난 2005년까지도 자동차가 이 다리 위를 다닌 것으로 보면 퐁뒤가르와 함께 로마 건축 기술의 우수성을 짐작할 수 있다.

압트
프로방스 당과의 원조

또 한 명의 프로방스 작가 장 지오노를 만나러 동쪽으로 60km가량 떨어진 마노스크까지 차로 달리다 보면 압트(Apt)라는 작은 도시가 나타난다. 압트는 설탕으로 절인 과일, 즉 당과로 유명하다.

프로방스는 프랑스에서 과일을 가장 많이 생산하는 지역이다. 하지만 과일은 상하기 쉬워서 옛날에 프로방스에서 이 많은 과일을 보존하는 방법은 오직 한 가지, 설탕에 절이는 것뿐이었다.

압트는 14세기부터 당과로 널리 알려지기 시작했는데, 이 동네 출신의 제과업자 두 사람이 아비뇽 교황청에서 교황이 먹는 당과를 만드는 일을 한 덕분이었다. 17세기부터 많은 압트 주민들이 당과를 만드는 일에 종사하였다.

진정한 예술 작품이 된 압트 당과는 그 맛이 오묘해서 명성이 멀리멀리 퍼져나갔다. 파리 사람들을 매혹시킨 압트 당과는 유럽의 모든 궁정에 이어 전 세계 사람들의 식탁에 올랐다.

오늘날에도 여전히 압트는 당과의 원조 도시로써 그 명성을 날리고 있다.

당과

질 좋은 당과를 만들기 위해서는 과일이 아직 단단하고 향을 가장 강하게 풍길 때 따야 한다. 당과를 만드는 원리는 얼핏 단순해 보인다. 즉 과일에 함유된 물을 설탕 시럽으로 바꾸는 것이다.

하지만 이 일을 한 번만 해서는 안 되고 과일의 성질과 크기에 따라 여러 번 계속해서 설탕물에 담가야 한다. 과일은 우선 펄펄 끓는 물에 빠르게 담갔다가 약한 시럽 속에서 익히는데, 이 시럽은 과일에 완전히 배어들지 못한다. 그렇기 때문에 수 킬로미터 정도 되는 같은 종류의 과일을 담을 수 있을 만큼 큰 사암 수반에 과일을 오랫동안 담가두어야 한다. 그런 다음 조금 더 진한 시럽에 과일을 담그고, 다시 그보다 조금 더 진한 시럽에 과일을 담그는 작업을 되풀이한다. 이런 작업이 8주 동안 계속되고, 크기가 큰 과일은 시간이 더 걸린다. 과일에 설탕이 적절히 배어들어야 이 과일이 정상적으로 보존된다.

중요한 것이 또 한 가지 있다. 과일이 반짝반짝 빛나 보이려면 뜨거운 시럽에 절여야 한다. 즉 아이싱 작업을 해야 한다. 그러면 일종의 보호막이 형성되어 보석처럼 빛이 나고 손가락에도 달라붙지 않는다. 당과에서 가장 인기 있는 과일은 멜론과 복숭아, 밀감, 배, 체리다.

마노스크
장 지오노가 찾으려 한 행복의 의미

《나무를 심은 사람》을 쓴 장 지오노(1895~1970)는 엑상프로방스 북쪽의 알프드오트프로방스 지방에 위치한 인구 2만 2천 명의 도시 마노스크(Manosque)에서 태어나고 죽었다.

그는 집안 형편이 어려워지자 부모를 돕기 위해 고등학교에 가지 않고 은행에 취직을 해야만 했다. 그 이후로 고전 작품을 읽으며 독학으로 문학적 교양을 쌓았다. 그는 1915년 징집되어 전장에서 전쟁의 참화를 경험한 후, 자신에게 트라우마를 안겨준 이 전쟁의 공포와 부조리를 1931년 출판된 《엄청난 무리》라는 작품에서 이야기한다. 그는 루소처럼 단순한 삶을 살자고 권유하는 한편, 결국은 전쟁에 이를 수 밖에 없는 산업사회를 거부하자고 주장함으로써 사람들을 매혹시켰다. 그를 중심으로 '콩타두르 운동'이 결성되었는데, 이 평화주의 단체는 1935년부터 마노스크 북쪽의 콩타두르 고원에서 아홉 차례 모임을 가졌다.

제2차 세계대전이 일어나기 전인 1939년, 지오노는 평화주의를 주장한다는 이유로 체포되어 2개월 동안 억류된다. 이 기간 중의 행동으로 인해 그는 값비싼 대가를 치르게 될 것이다. 나치 독일에 맞서 무력 투쟁하는 것에 반대하고 비시 정부 소유의 신문에 글을 실어 대독 협력자라는 비난

마노스크에 있는 장 지오노 센터 3 Bd Elemir Bourges, 04100 Manosque

을 받은 그는 해방되자 체포되었지만, 기소되지 않고 5개월 뒤에 석방되었다. 전쟁은 그에게 큰 상처를 남겼다.

지오노는 다시 고향인 마노스크로 돌아갔다. 대도시(특히 파리)를 싫어해서 이곳을 떠난 적이 거의 없다. 그래서 그에게 는 '움직이지 않는 여행자'라는 별명이 붙었다. 그는 중앙 문 단이 불편하게 느껴져 다른 작가들과도 거의 교류하지 않은 지역 작가였지만, 그가 쓴 이야기는 지역을 벗어나 그 어느 작가의 작품보다 더 보편적이다.

1953년에 출판된《나무를 심은 사람》은 지오노의 중편소 설이다. 〈리더스 다이제스트〉에 응모하기 위해 쓴 이 소설은 시대를 앞서 자연환경의 중요성을 일깨워 준 선구자적 작품 이라 할 수 있다. 이 작품에서 양치기 엘제아르 부피에르는

바농 마을과 뤼르산맥

헐벗은 프로방스의 산에 40년 동안 나무를 심는다. 이 작품
의 화자는 그가 평생을 바쳐서 하는 이 일을 '신의 일'에 비교
한다. 벌을 키우는 사람이 된 이 양치기는 자신이 이룬 숲에
서 행복을 발견한다.

그러나 지오노는 한발 더 나간다. 이 숲이 생기면서 마을
이 생기고 많은 가족이 이 마을에서 살게 된다. 요샛말로 하
면 지속적 발전이 이루어진 것이다. 그리고 엘제아르 부피에
르는 바농의 한 요양원에서 숨을 거둔다. 그야말로 진정한
프로방스 사람이었다.

마노스크 북쪽의 산악지대에 있는 바농과 이 마을이 등
을 기대고 있는 뤼르산이 바로《나무를 심은 사람》의 배경이
된 곳이다("알프스산맥이 프로방스 지방으로 뻗어 내린 아주 오래 된 산악지대").*

**엘제아르 부피에르
오르막길 표식**

　존재한 적은 없지만 책을 통해 유명해진 이 양치기에게 경의를 표하는 의미에서 바농 마을의 교회로 올라가는 길에는 '엘제아르 부피에르 오르막길'이라는 표식이 있다.

　지오노는 열한 살 때 바농에서 생전 처음 여행에 입문했다. 그의 말에 따르면, 아버지가 5프랑을 주며 이 돈으로 혼자 가장 긴 여행을 해보라고 말했다는 것이다. 그가 마노스크에서 마차를 타고 와서 처음 내린 곳이 바로 바농이었다. 바농에서 하룻밤을 보낸 그는 당나귀를 타고 북쪽에 있는 뤼르산을 넘어간다. 그리고 자브롱 계곡을 걸어 시스트롱에서 기차를 타고 마노스크로 돌아갈 것이다.

---

* 장 지오노, 《나무를 심은 사람》, 김경온 옮김, 두레, p.10

바농
프랑스 농촌에서 가장 큰 독립서점

염소 치즈로 유명해서 매년 5월 치즈 축제를 벌이는 바농 (Banon)에는 놀라운 게 한 가지 있다. 주민 수가 1,000명밖에 안 되는 이 작은 마을에 무려 11만 종의 장서(재고는 18만 9천 권이며, 반품률은 2%에 불과하다)를 갖춘 독립서점 르 블뢰에(Librairie Le Bleuet)의 문이 1년 내내 열려 있다는 것이다. 1990년에 문을 연 이 서점은 프랑스 농촌에 있는 독립서점 중에서 규모가 가장 크다.

이 서점은 2012년에 백만 권을 보관할 수 있는 창고를 짓고 인터넷 판매망을 구축했다. 그런데 창고 관리에 너무 큰 비용이 들어가고 인터넷 판매도 기대에 미치지 못해 경제적으로 어려움을 겪기도 했다. 하지만, 르 블뢰에 서점은 여전히 프로방스의 문화적, 경제적 성공 사례로 남아 있다.

르 블뢰에 서점 Rue Saint-Just, 04150 Banon

무스티에생트마리
절벽 위에 조성된 도자기 마을

바농 마을을 떠난 자동차는 길 양쪽으로 끝없이 펼쳐진 보라색 라벤더밭 사이를 지나 '도자기 마을' 무스티에생트마리 (Moustiers-Sainte-Marie)로 향한다.

이 마을은 아두강이라고 불리는 거대한 흰색 절벽에 패인 협곡의 측면에 마치 '천공의 성 라퓨타'처럼 떠 있다. 마을 한가운데에는 로마네스크 양식의 종탑을 가진 교회가 있다. 이 교회 위쪽에서 시작되는 오솔길을 올라가면 노트르담드 보부아르 예배당이 나타나고, 여기서 내려다보이는 전망은 아찔하다.

227m 길이의 쇠사슬이 협곡의 양쪽 기슭을 연결하며, 이 쇠사슬에는 가지가 5개 달린 별이 매달려 있다. 전설에 의하면, 7차 십자군 원정 때 포로로 잡힌 블라카라는 기사가 만일 풀려나면 별을 달겠다고 약속했는데, 풀려나자 이 약속을 지켰다고 한다.

관광객들이 작은 광장과 좁은 골목길, 오래된 집으로 이루어진 이 마을을 1년 내내 찾아오는 이유는 이곳에 도자기 가게들이 즐비하기 때문이기도 하다.

프로방스에서 신석기시대부터 생산되기 시작한 자기는 건물을 지을 때(벽돌이나 기와 등)뿐만 아니라 음식을 보관하는 데

(항아리)도 쓰이고 식탁에서도 쓰였다. 1659년에서 1668년 사이에 30명의 도자기 제조인들이 무스티에생트마리에 자리를 잡았다. 이 마을이 자기를 만드는 데 필요한 품질 좋은 점토와 물, 화덕에 불을 피울 수 있는 넓은 숲이라는 3박자를 모두 갖추고 있었기 때문이었다.

17세기 말, 도자기 제조인들은 에나멜을 입히는 기술을 발견하였다. 무스티에생트마리 도자기의 시대가 시작된 것이었다. 먼저 도자기 제조인 가문 출신인 피에르 클레리시가 1687년 처음으로 도자기 공방을 열었다. 그는 오직 청색 단색화를 그린 도자기만 만들었다.

1738년에 조제프 올레리는 여러 가지 색을 배합하여 그로테스크한 그림과 신화적 주제의 그림, 화환 그림으로 도자기를 장식했다.

프라는 제3세대 도자기 제조인으로, 강렬하고 화려한 색깔을 사용하여 정원과 바다 풍경, 꽃 그림으로 도자기를 장식하였다.

그 이후에 출현한 '페로 스타일'은 무스티에생트마리의 예술적 도자기를 대중화하는 데 기여했다.

재료가 희귀해지고 영국 도자기가 경쟁에 뛰어들면서 200년 동안 가마에 불이 꺼지지 않았던 무스티에생트마리의 도자기 생산은 사양길로 접어들었다. 공방이 하나둘 문을 닫았고, 마지막까지 남아 있던 피에르 투생 페로의 공방도 결국 1874년에 문을 닫았다.

무스티에생트마리에 있는 한 도자기 가게

　그러나 1927년 마르셀 프로방스라는 이름으로 더 잘 알려져 있으며 도자기 박물관을 설립한 역사학자이자 시인 마르셀 조안논이 다시 가마에 불을 붙이면서 무스티에생트마리의 도자기 산업은 되살아났다.

　현재 이 지역에는 11개의 도자기 공방이 있다. 예약하고 찾아가면 도자기 만드는 과정을 처음부터 끝까지 참관할 수 있다.

무스티에생트마리를 떠난 자동차는 다시 보라색으로 넘실 거리는 라벤더의 파도를 헤치고 서쪽으로 달려간다. 2시간 쯤 지났을까, 이번에는 루시옹(Roussillon) 마을에서 쏟아져 내 리는 붉은색 파도가 자동차를 향해 밀려온다.

가파른 황갈색 절벽 위에 세워진 이 마을은 지붕도, 건물 정면도, 벽도 파프리카와 오렌지, 복숭아색으로 칠해져 있 다. 그리고 마을에서 몇 걸음 안 떨어진 황토 채석장은 온통 핏빛과 황금빛으로 물들어 있다. 이 마을은 마치 화염목처럼 하루 종일 이글이글 타오른다. 해 질 무렵이 되면 소나무 숲 의 초록과 하늘의 블루가 이 불길을 잠재우면서 루시옹의 풍

붉은색으로 빛나는 루시옹 마을

경은 완성된다.

    사무엘 베케트(1906~1989)는 제2차 세계대전 당시 독일이 프랑스를 점령했을 때 레지스탕스 운동을 도왔다는 이유로 경찰에 쫓기자 아내 쉬잔과 함께 루시옹으로 몸을 피했다. 이 마을에서 그는 농업 노동자가 되어 포도를 수확했다. 루시옹 마을이 그를 구원한 것이다. 이 마을은 그에게 영감을 불어넣기까지 했다. 그는 모국어가 아닌 프랑스어로 글을 쓰기로 하고 부조리극 〈고도를 기다리며〉를 프랑스어로 썼다. 〈고도를 기다리며〉의 제2막 서두에서 블라디미르는 에스트라공에게 이렇게 말한다.

    "우리는 루시옹에 있는 보넬리 씨네 포도밭에서 포도 따는 일을 했어. 거기는 모든 게 다 붉은색이지."

뤼베롱 지역의 높은 언덕에 걸터앉아 있는 마을 중에서도 가장 높은 메네르브(Ménerbes)는 루시옹에서 남서쪽으로 17km 거리에 있다.

이 마을은 폭이 좁고 길어서 높은 절벽에서 금방이라도 떨어져 내릴 것만 같다. 굴러떨어지지 못하도록 붙잡고 있는 것은 마을을 빙 둘러싼 성벽이다. 이 성벽은 또한 15세기에 쉴 새 없는 구교도들의 공격으로부터 신교도들을 보호해 주었다. 이 마을의 시계탑에서는 뤼베롱 지역은 물론 보클뤼즈의 산들이 훤히 내려다보인다.

메네르브에는 피카소의 연인 도라 마르의 집이 남아 있다(58, rue du portail neuf, 84560 Ménerbes). 도라 마르는 1935년 말 장 르누아르 감독의 영화 〈랑주 씨의 범죄〉에 스틸 사진작가로 일하다가 파리의 되 마고 카페에서 폴 엘뤼아르의 소개로 피카소를 만났다. 두 사람의 관계는 그 이후로 9년 동안 이어졌지만, 피카소는 마야의 어머니인 마리 테레즈 발테르와의 관계를 끊지 않았다.

피카소에게 도라 마르는 연인이었을 뿐만 아니라 영감의 원천이기도 했다. 그에게 도라 마르는 무엇보다도 〈우는 여인〉(1937년, 테이트 모던 미술관)이었다. 그는 피카소에 의해 대상화

뤼베롱 지역에서 가장 높은 곳에 있는 메네르브 마을의 성벽

되고 해체되었다. 피카소는 울고 있는 그를 사랑한 것이었다. 도라 마르의 몸과 마음은 점점 더 피폐해져 갔고, 1940년대 중반 피카소와 결별한 후 심각한 우울증을 앓으면서 정신병원에 수용되었다. 여기서 그는 그 당시에는 금지되어 있던 전기 충격 치료를 받았다. 자크 라캉으로부터 정신 분석 치료를 받기도 했다.

정신병원에서 나오자 피카소는 도라 마르에게 메네르브에 집을 사주었고, 이곳에서 죽을 때까지 혼자 살았다.

고르드
세계에서 가장 아름다운 마을

도라 마르가 느꼈을 절절한 외로움을 가슴에 담고 '뤼베롱의 등대' 고르드(Gordes) 마을을 찾아 북쪽으로 달려가지만 좀처럼 나타나지 않는다. 올리브나무, 아몬드나무, 무화과나무가 길 양쪽에 서 있는 커브 길을 벌써 몇 번이나 돌았는지 모른다. 그러다가 어느 순간, 마치 그리스의 아크로폴리스처럼 피라미드 모양으로 지어진 이 성채 마을이 프로방스의 태양 아래 그 모습을 드러낸다.

고르드(해발 635m)는 아비뇽에서 가장 가깝고 라벤더밭이 딸린 세낭크 수도원이 지척(5km)에 있어서 뤼베롱 지역에서 여행자들이 가장 많이 찾는 곳이다. 언덕 꼭대기에 조성된 이 마을에는 층을 이룬 집들과 경사진 골목길, 개인 저택, 돌계단, 아치 모양의 통로, 작은 광장, 샘이 빼곡히 있다. 맨 꼭대기에는 잘 보존된 르네상스식 성당이 있다.

해가 서산마루에 뉘엿거리면 고르드의 돌집들은 빨갛게 물들고 저 아래 계곡은 초록 바다로 변한다. 고르드는 이때가 가장 아름답다.

여행 전문지 〈Travel+Leisure〉는 고르드를 '2023 세계에서 가장 아름다운 마을'로 선정하였다.

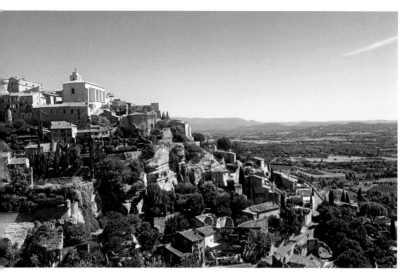

세낭크 수도원

세낭크 수도원(Abbaye Notre-Dame de Sénanque)은 고르드에서 자동차로 10분 정도만 가면 된다. 1148년에 설립되었으며 토로네 수도원, 실바칸 수도원과 더불어(이 세 수도원을 '프로방스의 세 자매'라고 부른다) 시토 수도회가 프로방스에서 부흥했던 시절을 모습을 보여준다.

세낭크 계곡은 수도원을 건설하기에 이상적인 장소였다. 도시와 마을에서 멀리 떨어져 있으면서도 완전히 자율적으로 사는 데 꼭 필요한 자원들을 근처에서 구할 수 있어서 수도회의 계율에 완벽하게 들어맞았기 때문이다. 계곡은 수도원을 짓는 데 필요한 돌과 나무, 그리고 일상생활을 해나가

세낭크 수도원 84220 Gordes

는 데 필요한 경작지와 목초지, 물이 흐르는 개울을 제공해
주었다.

　지금 이 수도원은 벌을 키우고 올리브나무와 라벤더를
재배하여 꿀과 올리브유, 라벤더 에센스를 생산하고 판매한
다. 여기서 생기는 돈과 수도원 입장료, 은퇴자들을 위한 호
텔 운영 수입을 합하여 수도원을 유지하고 보수하는 데 필요
한 재원을 마련한다.

　세낭크 수도원에서 수도원의 가사를 담당하는 보조 수도

사들이 거주하는 곳(18세기에 개축하였다)을 제외한 나머지 건물들은 1150년에 지어진 그 상태로 보존되어 있다. 편편한 돌을 얹은 지붕도 그대로다. 수도원은 간결하고 수수한 교회와 회랑, 회의실, 필사실, 난방실, 공동 침실, 공동 식당 등으로 이루어져 있다.

수도원 건물들은 회랑을 둘러싸고 배치되어 있다. 회랑 한가운데 있는 정원은 천국을, 정원 한가운데 있는 샘은 우리에게 새로운 삶을 주는 샘물로써의 그리스도를 상징한다.

회의실은 이런저런 결정을 내리는 장소로 수도원에서 가장 중요한 곳이었다.

필사실에서는 종교 서적을 필사하는데, 추운 겨울에 잉크가 얼어붙거나 손가락이 마비되는 일이 일어나지 않도록 난방실이 붙어 있다. 부엌을 제외하고 수도원에서 불을 피울 수 있는 곳은 이 난방실뿐이었다.

필사실과 회의실 2층에는 공동 침실이 있고, 수도사들은 여기서 옷을 다 입은 채 잠을 잤다.

공동 식당에서는 수도사들이 침묵 속에서 식사를 해야만 했으며, 음식에 고기도 넣지 않고 기름도 치지 않았다.

라벤더

"라벤더는 프로방스의 영혼이다."(장 지오노)

이 풍경을 마음껏 감상하기 위해서는 라벤더가 꽃을 피우기 시작하여 수확하기 전에 프로방스에 가야 할 것이다. 라벤더는 대체로 7월 첫째 주와 둘째 주부터 꽃을 피우고, 라방뎅은 7월 중순에서 8월 중순까지 꽃을 피운다. 라벤더는 순종이며, 증류해서 얻는 방향유의 품질이 최상급이다. 줄기마다 이삭이 하나만 달리고 여기서 푸른색과 보라색이 섞인 꽃이 핀다. 해발 800m 이상 되는 곳에서 덤불의 형태로 1m까지 자란다. 라방뎅은 잡종이며, 자연 상태에서도 잘 자라지만 기후나 토양에 매우 잘 적응해서 바닷가에서부터 해발 800m 되는 곳에서까지 골고루 재배할 수 있다. 여러 개의 줄기에서 이삭이 세 개씩 달리고 꽃을 피우기 때문에 라벤더보다 더 풍성해 보인다. 수확량이 라벤더보다 4배 이상 많아서 재배자들이 선호한다.

대체로 마노스크 동쪽의 발랑솔 고원에서는 7월 둘째 주부터 수확을 시작하며, 마노스크 북쪽의 포르칼키에 지역에서는 8월 말까지도 수확을 한다.

라벤더는 비누나 세제 같은 가정용품이나 향수를 만들 뿐 아니라 의학적 성분을 포함하고 있어서 중세 때부터 라벤더유로 상처를 소독하거나 전염병으로부터 보호하는 역할을 했다. 백 프로 순수하며 자연

적인 순종 라벤더 방향유는 마사지를 하거나 설탕이나 꿀을 타서 마실 수 있다. 또 불면증을 치료하고 스트레스와 두통을 진정시키며, 일사병, 타박상, 인후통에도 잘 듣는다.

1996년 한국에서 건너와 남프랑스에서 정착한 나는 생전 처음으로 쏘(Sault) 부근에서 라벤더밭을 보았다. 산도, 들도, 그리고 땅과 맞닿은 하늘도 보라색이었다. 그걸 보고 있는 내 눈도 보라색으로 물들었다.

나는 근처의 어느 작은 수제 아이스크림 가게에서 딸기 아이스크림을 주문했다. 그러면서 내가 얼마 전에 한국에서 왔는데 오늘 본 라벤더밭이 너무 예뻤다고 말했다. 잠시 후, 주인이 아이스크림을 들고 나타났다. 그런데 1개가 아니고 2개였다. 하나는 내가 주문한 딸기 아이스크림이고 다른 하나는 메뉴에 없는 라벤더 아이스크림이었다. 의아해하는 내게 그는 이렇게 말했다.

"우리도 라벤더를 재배해요. 그런데 먼 나라에서 온 손님이 라벤더밭을 보고 예뻤다고 말씀하시니 우리도 좋네요. 그래서 라벤더로 아이스크림을 만들었어요. 선물로 드릴 테니 맛있게 드세요."

그 뒤로도 거의 매년 나는 라벤더가 꽃을 피울 때가 되면 쏘를 찾아갔고, 그때마다 이 아이스크림 가게에 들러 주인과 인사를 나누고 그가 만들어주는 라벤더 아이스크림을 먹으며 즐거워했다. 라벤더가 친구를 만들어준 것이다.

송로버섯

겨울철에 프로방스는 우리에게 무엇을 줄 수 있을까? 프로방스의 겨울은 낮이 짧고 날씨도 안 좋다. 식당도 대부분 문을 닫는다. 하지만 바로 이 시기에 미식가들은 송로버섯(트뤼프)의 향을 맡기라도 한 듯 모여든다. 프로방스는 전 세계에서 송로버섯을 가장 많이 생산하는 지역이기 때문이다. 하지만 방투산 주변의 참나무 숲에서 송로버섯을 풍부하게 수확하던 것도 이제 먼 과거의 일이 되었다. 지금은 참나무 조림지에서 프로방스 송로버섯의 90% 이상을 수확한다.

재배지에서 처음으로 송로버섯을 수확하려면 10년을 기다려야 한다. 참나무는 40년 동안 자신의 검은 다이아몬드를 인간의 손에 넘겨준다. 그 이후로 이 나무에는 송로버섯이 거의 자라지 않는다.

송로버섯은 4월과 5월부터 자라기 시작한다. 그러기 위해서는 4월에는 비가 자주 와야 하고, 5월에는 너무 춥지 않아야 한다. 6월과 7월에는 너무 건조하지 않아야 하고, 수확기에는 비가 조금 내려야 한다. 이런 조건이 충족되면 좋은 품질의 송로버섯을 얻을 수 있다. 어떤 종은 11월부터 생산하기도 하지만, 대부분 수확기는 1월 15일부터 한 달이다.

송로버섯은 다 자라면 향기를 내뿜는다. 바로 그때 개나 돼지는 겉으로 봐서는 그다지 먹고 싶은 생각이 안 드는 이 작고 검은 흙덩어리를 찾으려고 킁킁거리며 땅을 파헤친다(처음에는 돼지가 이 버섯을 찾아냈지만, 지금은 후각이 더 발달한 개가 이 일을 한다). 개가 코를 킁킁거리기 시작하면 개를 먼 곳으로 데려다 놓은 다음, 사람이 송로버섯을 캐내야 한다.

송로버섯을 넣고 요리를 할 때는 그 향이 버터나 달걀 같은 지방질 속에 잘 용해된다는 특성을 이용하면 좋다. 예를 들어 밀폐용기 속에 송로버섯과 달걀을 같이 넣어두면 송로버섯의 향이 달걀에 그대로 스며든다.

파리의 몽마르트르 남쪽에 있는 핑크 맘마 식당(Pink Mamma - 20 bis, rue de Douai, 75009 Paris)에 가면 송로버섯이 들어간 파스타(Pâte à la Truffe)를 맛볼 수 있다.

아비뇽

Avignon

중세가 살아있는 교황의 도시

HAUTES-ALPES

ALPES

아비뇽 VAUCLUSE ALPES-DE-HAUTE-PROVENCE

ALPES-MARITIMES

BOUCHES-DU-RHÔNE VAR

단순히 수도교에 불과한 이 건축물은 깊은 정적 속에 웅장하게 서 있다. … 퐁뒤가르 말고 나를 이처럼 깊은 몽상에 빠트릴 수 있었던 것은 오직 로마의 콜로세움뿐이었다.*

유네스코가 지정한 세계문화유산이며 사람들이 프랑스에서 가장 많이 방문하는 고대 유적 퐁뒤가르(Pont du Gard, '가르강 다리'라는 뜻)는 아비뇽에서 동쪽으로 25km 거리에 있다. 이 다리는 인류가 창조한 걸작품 중 하나이고 고대 세계의 경이이며 토목공학의 쾌거다.

높이가 48m에 달하는 이 다리는 3개의 아치형 구조물이 포개진 모양이다. 맨 아래층의 구조물에는 아치가 6개, 가운데 층의 구조물에는 아치가 11개, 맨 위층의 구조물에는 아치가 35개 있으며, 길이는 맨 윗부분이 273m에 달한다(원래는 360m 길이에 아치가 12개 더 있었다).

퐁뒤가르는 6세기까지 사용되다가 중세 때는 통행료를 징수하는 일종의 톨게이트가 되었으며, 18세기에서 20세기까지는 자동차가 다닐 수 있는 도로교로 사용되었다. 그러나

---

* 스탕달, 《어느 여행객의 회고록》 중에서

2000년에 자동차 통행을 금지하는 한편 주변에 무질서하게 들어서 있던 건물들을 철거하는 대규모 재정비 작업을 거쳐서 원래 모습을 되찾았다.

기원후 1세기, 로마 식민 도시였던 님(Nîmes)은 날이 갈수록 번성하여 인구가 2만 명에 가까워졌다. 카발리에 산기슭에 있는 네마우수스 샘만으로는 더 이상 도시 인구가 필요로 하는 식수는 물론 공중목욕탕과 샘, 공원에 필요한 물도 공급할 수 없었다. 그리하여 북쪽의 위제스에 있는 외르 수원지에서 물을 님까지 끌어오기 위해 수도교를 건설하기로 한다. 그러려면 50km에 달하는 수로를 파서 물이 님까지 흐르게 해야만 했다. 이 엄청난 공사에서는 수로가 가르강을 건너게 하는 것이 가장 큰 난관이었으며, 이 난관은 퐁뒤가르 다리를 건설함으로써 해결되었다.

이 정도 규모의 공사가 클라우디우스와 네로 황제 치하에서는 10년에서 15년이 걸렸지만, 퐁뒤가르는 채 5년이 걸리지 않았다. 위제스에서 님까지 이어지는 이 수로에는 수백 미터의 터널과 저수조 3개, 20개의 다리가 건설되었으며, 그중에서 가장 웅장하고 거대한 건축물이 바로 퐁뒤가르다.

이 수도교는 고대의 건축가들이 놀라운 기술을 가지고 있었다는 사실을 보여주는 증거이기도 하다. 길이가 50km에 달했지만 표고 차는 겨우 12m에 불과했다. 즉 경사가 1km 당 24cm에 지나지 않았던 것이다. 이 경이로운 수치는

퐁뒤가르 400 Rte du Pont du Gard, 30210 Vers-Pont-du-Gard

고대 로마의 기술자들이 물이 중력에 의해 님까지 흘러갈 수 있도록 한치의 오차도 없이 정확하게 계산했다는 것을 보여준다. 수로는 언덕이 나타나면 우회하거나 지하수로를 통해 통과하거나 허공에 걸쳐져 있는 수로교를 이용하여 계곡을 건너면서 50km에 걸쳐 황무지를 꾸불꾸불 흘러갔다.

퐁뒤가르를 건설하는 데는 인근 채석장에서 캐낸 석회암 21,000m²가 필요했다. 이 다리는 모든 기초 부분이 바위 속에 단단히 고정되어 있어서 강물이 갑자기 불어나도 끄떡없었다.

세월이 흐르면서 퐁뒤가르는 많은 예술가에게 영감을 불

어넣었다. 특히 라블레와 루소, 스탕달, 뒤마, 메리메 등 세계 문학사에 길이 남을 작가들이 이 다리의 특별한 아름다움을 묘사하였다. 이 다리는 건설된 지 2천 년이 넘었지만 보는 사람들에게 여전히 감탄을 불러일으킨다.

카미유 클로델의 마지막

퐁뒤가르를 방문한 나는 이번 여행의 최종 목적지인 아비 농으로 가는 길에 한 여성 예술가의 무덤에 꽃 한 송이를 바치기로 했다. 천재적인 조각가였으나 연인에게서 버림받고 사회로부터 소외되어 30년 동안 정신병원에 갇혀 있다가 비극적인 죽음을 맞은 그는 아비뇽 남동쪽에 있는 몽파베 (Montfavet) 마을의 공동묘지에 묻혀 있다.

오귀스트 로댕은 1884년 카미유 클로델을 조수로 받아 〈지옥문〉과 〈칼레의 시민들〉을 함께 작업하면서 그가 조각에 천재적인 재능을 가지고 있다는 사실을 알게 된다. 두 사람은 곧 연인이 되었고, 서로에게 예술적 영감을 받아 1886년부터 1888년까지 카미유 클로델은 〈사쿤탈라〉를, 로댕은 〈입맞춤〉과 〈영원한 우상〉을 조각했다. 하지만 로댕은 힘들었던 시절을 함께했던 로즈 뵈레를 떠날 수 없었다.

카미유 클로델은 조각에 온 힘을 쏟으면서 매년 이름난 살롱전에 작품을 출품하여 언론의 찬사를 받았다. 다양한 재료(테라코타, 석고, 청동, 대리석, 줄무늬마노)를 사용하여 여러 가지 대담

중년 카미유 클로델, 1902년경, 오르세 미술관

한 작품을 만들었다.

싸우고 헤어지고 다시 만나기를 되풀이하는 그들의 관계는 무려 15년 동안이나 지속되었다. 그러다 〈중년〉을 조각하면서 두 사람은 완전히 결별한다. 로댕이 1900년 만국박람회에서 큰 성공을 거둔 반면 카미유 클로델은 천천히 자신을 파괴하기 시작한다.

로댕의 학생이나 제자로 불리는 것을 거부했던 그는 1905년 드디어 으젠 블로 갤러리에서 전시한 작품으로 조각가로서 인정을 받는다. 하지만 예술적 영감은 서서히 고갈되어 간다. 〈니오베〉라는 작품을 1905년에 마지막으로 조각한

**몽바페 묘지에 있는
카미유 클로델의 무덤**

이후로는 국가나 수집가들이 작품을 주문하지 않아 빈곤에
시달리게 된다. 게다가 건강이 점점 더 나빠지면서 정신착란
증세를 보이기 시작한다. 사람들이 자기를 박해한다고 주장
하고, 특히 로댕이 자신의 대리석 작품을 훔쳐 갔다며 의심
하기도 했다. 엎친 데 덮친 격으로 사랑하던 동생 폴 클로델
과도 멀어졌다. 이런 일들이 겹치고 제대로 치료도 받지 못
하면서 그는 점점 더 사회에서 멀어져 고립되어 갔다.

그나마 자신을 감싸주던 아버지가 1913년 세상을 떠나자 1주일 뒤, 가족들은 그를 정신분열증으로 파리 동쪽 벨에 으바르 정신병원으로 보냈고, 1914년 전쟁이 일어나자 다시 아비뇽 근처 몽드베르그 정신병원으로 옮겨졌다. 정신병원에 갇혀 있는 30년 동안 어머니와 여동생은 단 한 번도 그를 찾지 않았다.

카미유 클로델은 1943년 10월 19일 일흔여덟의 나이로 세상을 떠났다. 그리고 며칠 뒤에 몽파베 묘지의 정신병자 구역에 매장되었다. 아무도 그의 장례식에 참석하지 않았다.

그의 무덤에는 〈카미유 클로델, 1864~1943〉이라는 묘비명만 달랑 적혀 있었다. 그가 살아서 느꼈을, 그리고 죽고 나서도 느끼고 있을 사무치는 고독에 내 뼈가 다 녹아내리는 듯했다.

고딕 양식의 정수 아비뇽 교황청

이번 여행의 종착지이며 파리에서 남쪽으로 600km 떨어져 있는 아비뇽(Avignon)에 도착했다. 교통의 요지였던 이 도시는 14세기에 교황청이 자리 잡으면서(흔히 '아비뇽 유수'라고 부른다) 모습이 확 달라졌다. 교황청은 1995년에 유네스코 세계문화유산으로 지정되었다.

아비뇽은 세계 최대의 연극제가 열리는 연극의 도시이기도 하다. 매년 7월이 되면 아비뇽은 거대한 연극 무대로 바뀌어, 3주 동안 도시 곳곳에서 연극이 공연된다. 아비농 연극제 '인 아비뇽(Inn Avignon)'은 2023년에 77회를 맞으며, 거의 같은 시기에 열리는 비공식 연극제 '오프 아비뇽(Off Avignon)'은 57회째다.

교황청(Palais des papes d'Avignon)이 아비뇽에 들어서게 된 것은 원래 교황청이 있던 로마에서 교황파와 반교황파가 편을 갈라 싸우는 바람에 사회적 상황이 극도로 불안해졌기 때문이다. 또한 프랑스 왕 필리프 4세는 로마 교황을 견제하여 왕권을 강화하기 위해 프랑스인 클레멘스 5세를 교황으로 임명하고 1309년 교황청을 아비뇽으로 옮기게 했다. 그 뒤로 1377년까지 모두 7명의 교황이 여기서 살았고, 1378년부터 1403년까지는 각각 로마와 아비뇽에서 교황이 선출되었다.

건축가들은 론강이 훤히 내려다보일 정도로 높이 튀어나

아비뇽 교황청 Pl. du Palais, 84000 Avignon

와 있는 아비뇽 북서쪽의 바위산에 교황청과 교회를 지었다. 한편으로는 침수를 방지할 수 있었고, 또 한편으로는 론강이나 도시에서 보면 높은 곳에 있어서 웅장한 느낌을 주기 때문이었다.

교황청은 2명의 교황에 의해 건축되었다. 북쪽의 옛 건물은 1334년에서 1342년 사이에 베네딕토 12세 교황 시기에 건축되었고, 남쪽의 새 건물은 1342년에서 1352년 사이에 클레멘스 6세 교황 시기에 건축되었다.

구조상 빛이 잘 들어오지 않아 어둡고 복잡한 통로가 미로처럼 이어져 있는 고딕 양식의 교황청은 5km에 달하는 외성으로 둘러싸여 있다. 거대한 성을 연상시키는 교황청의 문은 의외로 작은데 아마 안전 때문에 이처럼 만들었을 것이다.

문을 열고 들어가면 넓은 마당이 나타난다. 마당에 나무 한 그루 없고 사면이 높은 벽으로 둘러싸여 있어서 꼭 교도소에 들어온 느낌이 든다. 마당을 지나면 추기경들이 모였던 추기경 회의실(Consstoire)로 들어가게 된다.

이 방은 각국 왕과 대사, 교황 특사를 접견하고 시성(諡聖)을 선포하는 등 교황청이 벌이는 외교 활동의 중심지였다. 교황은 추기경들에게 둘러싸인 채 연단에 앉아 있었고, 참석자들은 벽을 따라 설치된 돌의자에 자리 잡았다. 이 방의 서쪽 내벽에는 시몬 마르티니가 1340년경 노트르담데돔 교회의 현관을 장식했었던 벽화와 스케치가 붙어 있다.

그랑 티넬

추기경 회의실 2층에 있는 그랑 티넬(Grand Tinel)은 48m, 10.25m의 넓이에 천장이 매우 높아서 강당이나 체육관에 들어온 것 같은 느낌이 든다. 이 방은 식당이나 연회장, 교황을 선출하는 장소로 쓰였다. 14세기에는 이 방의 벽 아랫부분이 별들을 수놓은 푸른 천으로 덮여 있었다.

연회가 열리면 교황은 여러 가지 색깔의 벽걸이 천으로 장식된 닫집을 씌운 고딕식 의자에 앉았고, 손님들은 벽을 따라 길게 놓인 식탁에 자리를 잡았다. 교황의 식탁에는 값비싼 식기들이 놓여 있었고, 헤드 웨이터는 음식이 나올 때마다 프로바라는 도구로 음식에 독이 있는지를 검사했다. 이 방은 1413년 불이 나서 완전히 타버리는 바람에 '불탄 방'이라고 불리다가 1414년에서 1419년 사이에 지붕과 테라스가 보수되었다.

그랑 티넬 안에는 예배당이 있다. '작은 예배당'이라는 뜻의 카펠라 파르바라고 불렸던 이곳에서는 교황과 소수의 인원이 일요일과 축제일에 미사를 올렸다. 마테오 지오반네티는 클레멘스 6세 교황의 요청으로 1344년에서 1345년까지 이 예배당을 프랑스 리무쟁 지방의 사도인 마르시알 성인의 일생을 그린 벽화로 장식했다. 이 벽화들은 원근법을 능숙하게 적용했고, 옷과 벽지, 타일, 융단 등 세부를 세련되게 표현했으며, 얼굴은 직접 보고 그린 것처럼 생생하다. 캡션이 붙

어 있으며 알파벳 순으로 정렬된 장면들은 천장에서 아래쪽
을 향해 나선형으로 읽힌다. 한 벽화에는 베드로 성인이 마
르시알 성인에게 지팡이를 건네주는 장면이 그려져 있다. 이
것은 아비뇽 교황권에 정당성을 부여하려는 클레멘스 6세
교황의 뜻이 반영된 것이라고 볼 수 있다.

그랑 티넬 옆에 붙어 있는 귀빈실(Chambre de Parement)은 교
황의 대기실과 알현실, 비밀 추기경 회의의 모임 장소로 사
용되었다.

콘클라베실(Salle du Conclave)은 교황을 선출하기 위해 회의
를 하던 방이다. 회의가 열리지 않을 때는 장 르 봉 프랑스 왕

과 카를로스 황제, 아라곤왕, 오를레앙 공작 등 지체 높은 사람들이 머물던 숙소로 쓰였다.

콘클라베(Conclave)란 무엇일까? 1274년에 리옹에서 열린 종교회의는 교황이 선출되는 동안 추기경들은 반드시 감금되어야 한다고 정했다. 이 규정이 '자물쇠로 잠그다'라는 뜻의 라틴어 쿰 클라베에서 파생된 단어 콘클라베의 기원이다. 교황청에 감금되기 전에 추기경들은 교황이 선출되는 동안 사망하는 경우를 대비하여 자신의 재산 목록과 유언장을 작성한다. 20명에서 30명에 이르는 추기경들은 각각 성직자와 하인들의 도움을 받았다. 2백여 명의 사람들은 교황청에서 콘클라베실과 귀빈실, 그랑 티넬에 머물렀다.

베네딕토 12세 교황이 죽고 나자 아치 모양의 사잇문을 2개 뚫어서 이 3개의 방을 하나의 방으로 만들었다. 그런 다음 이 방의 문과 창에 벽을 쌓아 막고 추기경들을 계속 감시했는데, 이들이 외부로부터 압력을 받지 않도록 하기 위한 것이었다. 외부로 통하는 유일한 출구는 음식물을 들여갈 수 있는 작은 구멍뿐이었다. 교황이 선출되면 이 3개의 방은 원래의 모습을 되찾았다.

대법정

대법정(Salle de la Grande Audience)은 위층에 있는 대예배당(Grande Chapelle)과 크기는 같지만 높이는 더 낮다. 길이가 52m, 너비가 16.8m, 높이가 11m에 달해 웅장해 보이는 이 방은 장 드 루브르의 걸작으로, 5개의 기둥에 의해 2열로 분리되어 있다. 이 방에는 단심제로 운영되는 상설 사법 기관인 사도 사건 재판소가 들어서 있었다. 이 방에 재판관들이 앉는 길고 둥근 의자가 있어서 재판소의 이름은 1336년부터 로트(라틴어로 로트는 '바퀴'라는 뜻이다) 재판소로 바뀌었다. 재판관들의 자리는 울타리를 쳐 방의 나머지 부분과 분리했다.

재판소는 이 방의 동쪽 열에 있었는데, 잘 보면 아치 종석에 클레멘스 6세 교황의 문장과 로마의 문장이 새겨져 있다. S.P.Q.R.이라는 로마의 문장은 '상원과 로마 시민'이라는 뜻으로 교황이 로마에 뿌리를 두고 있다는 사실을 상기시킨다.

대법정의 북쪽 벽면에는 거대한 〈최후의 심판〉 벽화가

대법정

있었으나 군인들에 의해 파괴되었다. 최후의 심판이라는 주제는 이 방의 기능과 직접 연관이 있으며, 이 재판소의 무류성을 강조한다. 동쪽 열에는 마테오 지오반네티가 아치에 그린 장식이 아직 남아 있는데, 구약성경에 등장하는 18명의 예언자를 그린 것이다. 역시 19세기에 파괴된 또 다른 장식은 예수 수난상을 그린 것이었다.

교황의 개인 예배당과 개인 공간에는 거대한 벽화들이 아직도 남아 있다. 이 벽화들은 한편으로는 교황청의 명성에 크게 이바지했으며, 또 한편으로는 교황들 역시 14세기에 이 지역에서 이루어진 예술 활동에 크게 기여했다는 사실을 증명해 준다.

신 교황청의 앙주 탑에 있는 교황의 방과 신 교황청의 가르드로브 탑에 있는 사슴의 방(교황의 사무실로 쓰였다)은 다람쥐와 새들이 앉아 있는 떡갈나무와 포도나무의 당초 무늬, 사냥과 낚시 장면 등 비종교적 주제의 그림으로 장식되어 있다. 이 그림 속에 사슴을 사냥하는 장면이 있어서 '사슴의 방'이라는 이름이 붙게 되었다. 내가 교황청을 방문한 것은 사실 이 벽화들을 감상하고 사진으로 남기고 싶어서였다. 하지만 아쉽게도 벽화의 사진 촬영은 엄격히 금지되어 있었다.

프로방스의
와인

　　　　　　아비뇽에서 리옹행 기차를 타고 론강을 따라 비엔(Vienne)이라는 도시까지 가다 보면 강 양쪽 언덕이 온통 포도밭이다. 이 드넓은 포도밭에서 생산되는 와인의 80%는 코트뒤론(Côtes-du-Rhone, '론강의 언덕'이라는 뜻이며 1937년에 A.O.C.를 획득했다)이다. 이 재배지는 여러 가지 토양과 국지 기후의 혜택을 누린다. 지중해의 태양과 건조한 날씨, 차가운 미스트랄 바람은 이 재배지의 공통분모다. 이런 조건들은 레드 와인 생산에 중요하다. 그래서 몇 가지 품종이 론강 유역에서 더 잘 자라고 널리 보급된다.

　　이 지역에서 생산되는 와인의 스타는 단연 샤토뇌프뒤파프(Chateauneuf-du-Pape)다. 14세기 초에 요한 22세 교황은 콩타 평원이 훤히 내려다보이는 샤토뇌프뒤파프 마을(아비뇽에서 북쪽으로 18km 떨어져 있다)에 여름에 거주할 성을 짓고 주변의 자갈투성이 땅에 포도나무를 심었다. 이렇게 해서 생산되기 시작한 샤토뇌프뒤파프 와인은 18세기 들어 널리 이름을 알렸고, 1929년 A.O.C.를 획득했다.

　　이 와인은 3,130ha의 포도밭에서 재배되는데, 1ha당 35hl 이상을 생산하면 안 된다. 붉은 과일과 향신료 향이 풍기는데, 시간이 지나면서 아니스와 감초, 가죽 향이 느껴진다. 야생 동물 스튜와 붉은 고기, 양고기 구이, 향이 강한 치즈와 잘 어울린다.

파리로 돌아오는 야간열차

파스칼 메르시어의 《리스본행 야간열차》에서 고전 문헌학 교수 그레고리우스는 《언어 연금술사》를 쓴 시인 아마데우 드 프라두에게 매료된다. 그리하여 어느 날 수업을 하다 말고 강의실을 뛰쳐나와 아마데우의 흔적을 찾아 리스본행 야간열차에 몸을 싣는다. 그의 인생 최초의 일탈인 이 여행은 과연 그를 어떻게 변화시킬 것인가.

자신을 찾는 긴 여행을 마친 그레고리우스는 다시 집으로 돌아가는 야간열차에 올라탄다. 나 또한 프로방스 여행을 마치고 아비뇽에서 파리로 가는 야간열차에 올라탔다. 그레고리우스가 그랬던 것처럼 덜컹거리는 열차 안에서 나 자신에게 묻는다. 이번 프로방스 여행은 나를 변화시켰을까? 이제 나는 여행을 떠나기 전의 모습으로 계속 살게 될까, 아니면 조금은 달라진 삶을 살게 될까? 만일 이번 여행이 나를 변화시켰다면 어떤 식으로 변화시켰을까?

사진 출처

p.60 Contributor: Photo 12 / Alamy Stock Photo, Photographer: Archives du 7e Art collection

p.75 Contributor: Ciscardi Gabriel / Alamy Stock Photo

p.94 Florence Piot - stock.adobe.com

pp.118~119 ⓒ 2023 - Succession Pablo Picasso - SACK (Korea)

Contributor: Hemis / Alamy Stock Photo, Photographer: SPIEKERMEIER francoise / Hemis.fr

p.145 ⓒ Marc Chagall / ADAGP, Paris - SACK, Seoul, 2023

이 서적 내에 사용된 일부 작품은 SACK를 통해 ADAGP, Picasso Administration과 저작권 계약을 맺은 것입니다. 저작권법에 의하여 한국 내에서 보호를 받는 저작물이므로 무단 전재 및 복제를 금합니다.

책에 실린 사진 중 아를 전경(pp.8~9), 루마 아를(p.12), 이우환 미술관(p.13)은 아를에 사는 양혜진 씨가, 생트마리드라메르 마을(p.46~47)과 사라 입상(p.48), 라벤더밭(p.221)은 몽펠리에 예사랑 한인교회의 최성묵 목사가 제공해 주었다. 감사의 마음을 전한다. 특히 최성묵 목사는 자동차가 없으면 갈 수 없는 마을을 갈 수 있도록 많은 도움을 주었다. 다시 한번 감사의 뜻을 전한다.

프로방스 여행

내 삶이 가장 빛나는 순간으로

초판 1쇄 발행 2023년 7월 1일
초판 2쇄 발행 2023년 8월 1일

지은이 이재형

펴낸곳 디 이니셔티브
디자인 오하라
출판신고 2019년 6월 3일 제2019-000061호
주소 서울특별시 마포구 토정로 53-13 3층
팩스 050-4207-8954
이메일 the.initiative63@gmail.com

ⓒ 이재형 2023

ISBN 979-11-91754-10-0 (03920)